安藤　博

子どもの危機にどう向き合うか

今　学校ができること、教師ができること

信山社

まえがきに代えて――現実を切り拓く視点

1　本質もハウトゥも

多忙感と子どもが見えないという不透明感を抱きながら、だからこそ実践のため確かなものをつかみたいと現場の教師は思っている。

今、教師の認識は変わりつつあると思う。

誤解をおそれずに言うと、かつて教育とは何か、教師とは何かと本質的な議論をした時代があった。だが、それはともするど、議論が先行し、子どもの日々の成長にどうかかわるのか、実践が置き去りにされがちとなった。その後、教師の多忙化、生徒の問題の難しさから、対応へのハウトゥ化が進んだ。現場はすぐに使える対応策、技術を求めた。これもともするとその場限りの対処になりがちであった。

今、問題の本質をきちんととらえ、あるいはそれに接近し、そこから実践へのヒントを得、その人の力で工夫し連携し、課題に取り組もうとする教師たちがいる。求めているのは本質を見据えた対応と実践である。

地域にかかわり、教師たちの近くに身を置いて、その声に耳を傾け、私はいつも研究者は何ができるのだろうかと自問してきた。

現場の声を大切にし、それを私なりに本質的な問いにし、そして深め、具体的な対応策を模索してきた。それが本書の各テーマである。

本書は、ここ数年、『日本教育新聞』（日本教育新聞社発行）と『週刊教育資料』（教育公論社発行）に書き続けてきたものである（今回テーマによっては加筆した）。

2　本書の特徴

私の基本的な姿勢は、子どもの危機を正面から見つめ、その課題を切り拓くというものである。大切にしたかったのは、危機を好機にする視点である。危機を嘆くのは容易である。あきらめるのはもっと容易である。求められているのは、そこから現状を切り拓いていく新たな視点を提示することである。実践につながる具体的ヒントを出すことである。

本書の特徴は次のような点にある。

一つには、危機を乗り越える実践へのヒントとして、新しいところに切り込んだことである。なかでも、ケータイ論、ネットワーク・マインド論、協働論、「役割―承認」論、スクールロイヤー論、権利学習論、紛争《もめごと》論、つぐない論、叱正発達権、苦情論、「親責」論、地域親論、成長発達権などは現場で役に立つものを提示できたと思う。

二つには、ともすると対立し合うものとされがちな点の統合を試みたことである。次の二つである。一つは本質とハウトゥの統合である。問題をどうとらえるのか、どう見るのか、どう深めるのか、何が実践へのてがかりかを本質に近づきながら対応策を提起した。もう一つは、教師と子どもの関係である。現場で発せられる教師の言葉に、子どもの声を聞き、子どもの立場から考えようとした。

三つには、親と地域の課題もテーマにしたことである。子どもを学校だけで育てることはできない。教師が親と地域の課題をどう理解するかは大きい。本書から何か見えてくるものがあればたいへんうれしい。

四つには、各テーマは○○論としているが、身近な素材から入り、私たちの生活や教育現場、地域にある疑問を大切にしたことである。関心のあるところから読んでいただければありがたい。文章もできるだけ読みやすさをこころがけた。

五つには、各テーマの最初にQ&Aを置き、内容のポイントを明確にした。これも現場からの声だった。

3　出会いの中から

私たちには、その時は分からないが、後になってみると理解できるということがある。というより、分からないうちにいつしかその方向に向かって行動しているのかもしれない。本書が成立したのは、まさにそういうことであった。

一九九七年のことである。子どもの人権研究会で一緒だった児童福祉法の研究者・許斐有さんが『子どもの権利と児童福祉法』（信山社）を出版され、私は『季刊教育法』（一一〇号）に書評を書いた。許斐さんはとても喜んでくれ、後に（二〇〇一年）それを増補版に収めてくださった。その際原稿のやりとりをしたのが信山社の編集者・村岡侖衛さんであった。ていねいな対応をいただき、本の出版の計画があれば協力しますと言っていただいた。

許斐さんは、残念なことにその年病気で亡くなられた。私は、当時地域で子どもの虐待問題にも取り組むようになっていた。児童福祉法に関心を持ち、許斐さんの本を読み返す機会があった。同時に、私の中で村岡さんのお誘いの言葉も大きくなっていた。

「教育の危機管理」の連載が三〇回になり、村岡さんに原稿をお届けした。すぐさま本にしようと言ってくださった。それからは速かった。

本書は、村岡さんの手腕なくして成立はしなかった。心からお礼を述べたい。また、村岡さんとの出会いを作ってくれた許斐さんにこの場を借りてお礼を言いたい。きっとよろこんでくださると思う。

4　作品と人の輪

さらに、この本の特徴と私が思っている現実への強い認識は、次の方々に支えられている。感謝の気持を込めながら、簡単に紹介させていただく。

まず後藤修先生である。茨城県の小学校の校長を退職された後、私の勤務する大学の大学院に学ばれた方である。私の講義にも参加してくださった。いつも現場からの問いを提起してくださった。しかも子どもの立場に立っておられた。大いに教えられた。私の方が授業料を払わなくてはならない立場であった。本書も案の段階で目を通してくださり有益な示唆をたくさんいただいた。

次に、刑事法学者で立教大学教授であった所一彦先生である。拙文をお送りするといつもコメントをくださった。とくに少年事件にかかわるテーマについては必ず評価と課題を送ってくださった。そこには現場に寄与するはどうすればよいのかという視点があった。その時は気づかないが、指摘を持ち続けていると必ず深めることができた。他者の論文を読んでコメントをするということは時間と労力の要ることである。それを所先生は実に自然な形でなされるのである。本書のつぐない論などは先生に学ぶことが多かった。

さらに、日本教育新聞社の高橋巨樹記者と週刊教育資料の編集部・源田緑さんのお二人にもお礼を述べたい。私の文章をいつも現場の教師はどう読むかという点からアドヴァイスをくださった。最後に、私事で恐縮であるが妻・寿子に感謝したい。というのも、私の原稿の最初の読者であるからである。編集部へ送る前必ず批評してくれる。妻は、福祉の現場で三〇年仕事をしてきている。その経験から、「今回のは具体的に現場で生かせるヒントがない」「なるほどと思うところがない」などと手厳しい。この本の現実認識はそこにも由来している。

本書は、現実をどうにかしたいという人の輪から生まれた作品と私は理解している。多くの教育現場、子どもの問題に関心をお持ちの方々に手に取っていただき、すこしでも現実を切り拓くてがかりにしていただければたいへんな幸せである。

二〇〇四年一〇月二〇日

安藤　博

安藤　博　著　子どもの危機にどう向き合うか

目　次

安藤 博 著　子どもの危機にどう向き合うか

細目次

版画　大久保草子

序　章　危機を好機に

阪神淡路大震災以降、とくに「危機管理」の重要性が指摘されている。学校も例外ではない。学校は危機意識が弱いといわれるが、まずは少し視点を広げ、私たち日本人の危機管理について考えてみたい。

1　危機管理と日本人

(1)　農耕の民、遊牧の民

危機管理の問題は、明らかにわが国の社会の意識や仕組みとつながっている。わが国の社会意識は、何か重大な事件が起こるとすぐ過剰に反応するところがある。危機という言葉がやたら使われ、危機感情が増幅される。危機感だけが独り歩きをし、議論の本質を見失うところがある。むしろこれこそ危機である。テーマを冷静に考えてみることが、まず危機管理にとって大切と思われる。

危機意識が弱く、その管理ができていないのは学校だけではない。もともと日本人の意識の中に危機管理はあまりなかったといえる。地震や台風など自然災害はあるが、必ず自分のところに起こるものでもない。むしろ自然の恩恵を受けてきたのが農耕の民の日本人である。

これに対し、遊牧の民の自然環境はきわめて過酷である。だから自然との対決の思想が生まれ、強力なリーダーシップが求められてきたのである。

わが国は、国境も海に守られ、外敵の侵入も紛争もあまりない。民族問題にしてもそうである。全体として日本はマイルドな国である。したがって、「水と安全はただ」という意識にもなる（今や水も安全も高くつく時代となっているが）。

これが、わが国の社会文化であり社会意識である。外国の危機管理の例を出して批判し、理想を掲げることは容易であるが、私たち日本人の環境と歴史を踏まえ、現実的にどのように危機管理の意識とシステムをつくり、徹底を図るかかが大きな課題となる。

(2)　紛争と解決法

危機管理の重要場面に、紛争に対する対処の仕方がある。

紛争解決には対決型と調整型があるが、わが国では伝統的に調整型が好まれる。厳しい対決の中で解決をしなくとも、ほどほどに生活が可能という条件があるからだろう。だが、そこに「ことなかれ」「先送り」「あきらめ」といった文化が生まれているのも事実である。「水に流す」ということもそうかもしれない。いやなこと、つらいことはなるべくはやく自分が忘れ、そして相手も許そうとする。それが大切な場合もある。

しかし、真に重要なことは、忘れず、学習し、後に伝える執拗さを持つことである。問題の先送りは、同時に「後手に回る」「つけが回る」「泣き寝入り」という形で、弱い立場の者をいっそうつらくすることにもなる。

また、わが国では組織の代表者も調整型が求められる。しかし、危機に際しては、対決し乗り越えるリーダーシップも不可欠である。必要なのは、迅速な決断と実行力である。

自分が責任ある立場に立った時にこそシステムを創り、問題を先に送らないという信念が必要である。「任期を無難に務めたい」という受け身の発想から有効な危機管理は生まれないだろう。

2　クライシスとリスクの違い

次に、私たち日本人に弱いといわれる危機管理とは何かについて考えてみたい。

アメリカで起こった悲惨な同時多発テロでは国家の危機管理が指摘された。私たちの生活・人生にも当然危機はある。家族の危機、会社の危機、身体と心の危機、思春期の危機である。学校の危機管理は子どもの生命・生活と発達にとって大切な課題である。

(1)　生きていることとリスク

ところで、危機管理とはどういう言葉なのだろうか。

英語では、危機管理をクライシス・マネイジメント（crisis management）あるいはリスク・マネイジメント（risk management）といっている。私たち日本人は区別しないが、両者には違いがある。学校における危機にもクライシスにあたるものとリスクにあたるものがある。

まず「クライシス」は、もともとギリシャ語の「分ける」を語源としている。「ある状況下で、あることがあるところまでいくと分かれ目になる」という意味である。したがって、「破局」とか「分水嶺」とか「運命の分かれ目」ということになる。病気の場合は「峠を越す」ということである。程度が重大なものを指すようである。

他方、「リスク」は「あることに伴う危害の虞《おそ》れ」をいう。確かに活動にはリスクが伴う。むしろ生きていること自体にリスクがある。しかし、リスクを避けようと、さまざまな活動を停止すれば、個人を含め、社会の諸機能は成立しなくなる。

例えば、危険だからといって自動車を動かさなければ、経済活動は停止する。身体の機能を回復するリハビリでさえリスクがある。子どもの成長にも当然リスクが伴う。だから安全の考え方が生まれてきたのである。

(2)　危機の見方と対処

「クライシス」には、さらに二つの重要な意味がある。一つは、予防できなくともできるだけ被害を最小限度に食い止めるという意味である。クライシスはマネージすることがかなり困難なものをいう。大震災のような自然災害はそうである。だが、マネージには「どうにかする」という意味がある。したがって「最小限化する」という意味からすなわち「減災」を表わすのである。

もう一つは、とても大切なことであるが、「行き着いた先に新たな状況が出現する」という意味である。重い病気の時は、「回復するか死に向かうか決定的な変化の起こる境目」である。危機はマイナスの響きを持ち、もちろんないことがいいが、それにより新しい状況が生まれるのも事実である。

そこに危機を好機とする視点が生まれる。野球でもピンチヒッターはチャンスヒッターである。「リスク」にも損害、保険、危険率の意味がある。リスクは、安全の保障、予知・予防・回避能力の形成という積極的な概念をもたらす。

子育ても教育も順調にいくということはまれであろう。親も教師も幾度も危機にぶつかる。むしろそこで悩み、工夫しながら力をつけていくのが実体である。子どもたち自身も力をつけていく。危機を好機と見る発想が求められている。

3 学校と危機意識

なぜ学校は危機意識が弱いと言われるのだろうか。また、そこにはどのような課題があるのだろうか。ここでは、危機管理について大切な視点を三つ述べたい。

(1) 開かれた学校づくりと安全な学校づくり

生徒の学習と成長発達を促進するためには、社会や地域の豊かなかかわりが必要であり、学校の開放が求められる。他方、生徒に安全な学校生活を保障するためには防犯に力を注がなくてはならない。学校はディレンマにある。これをどのように理解したらよいのだろうか。私は、両者は矛盾し合わないと考える。

現在のわが国の犯罪発生状況、治安状況からすれば、学校だけが犯罪と無関係というわけにはいかない。現に学校も犯罪の危機にさらされている。犯罪は弱者をターゲットにする。とくに小学生はその対象になりやすい。残念なことであるが、学校は防犯、安全のために構造上閉じざるを得ない。これついては地域も社会も理解しよう。

問題は、それを踏まえて、さらに学校を開くとはどういうことかを模索し実践することである。つまり心理的関係の形成の工夫である。それは、学校参加のパイプを多様につくることである。授業、部活、サークル活動などにおいて、さまざまな学校への支援は可能である。安全対策についても地域が参加し協力もできる。なぜなら、防犯の最大の力は「人の眼」にあるからである。

安全にかかわる設備など物理的な面での対策は、もちろん予算を伴うことであるが実現されていくであろう。重要なのは意識面における課題である。すなわち、それは管理職者、教師、父母、住民が実践的な安全観、防犯意識を形成すること、そして生徒が自らを守る意識と力を具体的に身につけることである。

(2)　教科指導と生徒指導

学校の危機意識の弱さは、教育という営みに由来している。もともと教育は問題のない状況を前提に成立している。安全と安心、平穏な学習秩序がそこには求められている。また、教師の側も危機には慣れていない。静かな中で授業は行われ、生徒は教師の指示に従うものとされている。したがって、教師の言うことをきかない生徒、秩序を壊す生徒は問題児ということになる。

しかし、学校は教育の場であると同時に、集団生活の場である。子どもたちは常に何の問題もなく過ごすわけではない。当然そこではさまざまな問題が起こってくる。とりわけ思春期にある生徒たちはそうである。多様な発達の課題が噴出する。

確かに教科指導と危機管理は、体育や実験の事故を除けば無縁であった。ところが、校内暴力、学級崩壊に見られるように、平穏な学習環境が確保されにくくなった。教師からは、「教科指導については免許を持っているが、生徒指導、危機管理については免許は持っていない」という嘆きが聞こえてきそうである。

しかし、生徒指導が教科指導成立の前提になっているのが現実である。生徒の問題行動のすべてが学校の原因と責任ではないにしても、親・地域との協力体制づくりを含めて教師の危機管理の力が問われている。

(3)　危機管理と生徒

学校の危機管理が実効性をもつためには、教師の生徒観・教育観の転換が必要である。とくに生徒指導にかかわることがらについては、問題のない状況、問題のない生徒を前提としないという視点が大切である。そして、問題が起こっても、生徒が育つ機会、教師が力をつける機会とする思考が大切である。

このことは、教育と同じように、人間の生命や幸福にかかわる医療や福祉と比べてみると明瞭になる。両者は、共に問題を前提としている。予防ももちろんあるが、医療はすでに病気のある患者さんをどう治すのか、生命を守るのか、福祉は生活に問題を持っている人、ハンディキャップのある人のより良い生活をどう保障するのか、支えるのかを考え実践する。自立に向けて、生活上の支障や危機を取り除こうとする。

教育もめざす方向は医療と福祉と同じであろう。すなわち、子どもは未成熟であるから、その存在自体が教育を必要としているし、問題のある生徒はそれゆえ成長発達の実現を求めている。このことは、危機管理に関しても大切なことを示唆している。つまり、子どもは危機から保護される存在であると共に、危機管理を担う主体者、あるいは主体者に育つ存在であるということである。

今、学校教育の大きな目標に「自ら考え自ら問題を解決する力の形成」がある。それは、とりも直さず危機管理が生徒の社会を生きる力の対象、学習の対象になるという学習と発達の視点でもある。

4　動態的学校観へ

ここでは、さらに学校の有効な危機管理のため、明確にしなくてはならない課題を整理しておこう。

(1)　生活の場としての学校

まず第一に、学校の危機管理が有効に機能するためには、学校を明確に生活の場ととらえることが大切だと考える。

一言で言えば、動態的学校観の確立である。つまり学校は生活の場、小さな社会であるから、そこにはいさかいや対立、そしてまた修復や和解がある。それこそが生徒の育つ条件でもある。

対立や行き違いの中で、折り合う力や合意を創ることが発達であるし、その過程が学びである。社会的な訓練、スキルを得ることができる。だから危機管理という考えも生きてくるし、その力も生徒の中に育つのだと思う。市民・住民の意識と行動につながる学習教材が学校生活にはある。

(2)　日常生活にある危機と危険への対処力

第二は、危機管理を学校教育に即して明確に定義することである。一般に危機管理とは、時と場を選ばず起こる「緊急的な事態を予知・予測し予防すること」、そして万一発生した場合でも「可能なかぎり被害・損害を最小限度にくいとめること」を指す。

学校の危機管理は、学校が舞台になったりあるいは学校教育をめぐり発生する事故、事件、紛争を予測・予知し、また迅速な対応で被害を最小限化すること、さらには、事故・事件、紛争に学び再発を防止することをいう。それは管理職者だけではなく、教師、生徒、父母一人ひとりの意識と行動の問題である。

大震災のような大きな危機だけが対象なのではない。大切なのは、日常生活の危険・危機について地道に対処する感性と意識を持ち行動することである。

(3)　安全権の確立

第三は、生徒の安全権と教師の安全権を確立することである。生徒には、学校生活において心身共に安全かつ安心して学び、生活する権利がある。それは学習する権利だけではなく、さまざまな出来事に直面し支えられて危機管理の力を育くんでいく成長発達の権利を含むいわば「生活権」の性格を持つ。他方、教師には安全に教育と生徒指導を実践していく権利がある。

学校において生徒が安全かつ安心して生活できることは、単に保護されているのではなく、安全のシステムがきちんとあること、同時にそれを活用する力が生徒に育まれていることである。この安全観が教師にはもちろん生徒・父母にも不可欠なのである。

(4)　生徒のための危機管理

第四は、危機管理の目的を明確にすることである。それは、いうまでもなく生徒のための危機管理である。教師の安全性の確保も生徒への教育と指導の遂行のためにある。危機管理は、ややもすると管理者側の発想に立ちがちである。管理は、生徒の生活と発達の視点に立って考えられなくてはならない。管理が学校組織の防衛になりがちなのは、生徒の育つ力の視点が欠如しているからである。

(5)　教員養成課程と危機管理学習

危機管理は、現職の教師だけでなく教職をめざす学生にも不可欠である。危機をどのようにとらえ対応するのか、教科指導力・生徒指導力の形成とともに教職志望の学生にも必要である。

5　企業に学ぶ

最後に、企業の危機管理から、学校においても参考になる点を取り上げておこう。もちろん人間を育てる教育とは異質であるが、危機管理については示唆に富むものがある。

企業は、良質な製品を提供するのが仕事であるが、同時にその製品に対する苦情や紛争への対応、また海外での誘拐、テロ、訴訟など危機への対応を用意している。

(1)　基本的考え

◆危機管理に特効薬はない。安易に他者に頼ろうとすることが対処の力を減じることになる。

◆リスクに伴う費用は、当初からコストとして考える思考が必要。
◆対応は、危機の種類と段階（予防・即時的・事後的・平常時）に応じてモデルをつくる。
◆初期の対応においては、的確な状況認識と判断力がものをいう。どのような危機か、その性質を読み取る。連絡網と意思決定、担当部署と責任者の明確化が必要。
◆被害の連鎖を予測する。どのように拡大するか、二次的三次的被害として考えられるものを洞察する。
◆全員が、常に対応可能な状態を維持し続けることは不可能。簡潔なマニュアルと適切な時期の訓練が必要。
◆危機対応の組織は、迅速かつ的確に対応するため小さい方がよい。大きいと動けない。カギを握るのは訓練されたスタッフである。
◆普段は集団の多様な知恵を生かし合うことが大切。しかし危機においては、一つにまとまることを職場で了解しておく。
◆危機においては意外な能力や才能、人材の発見がある。その意味で危機は好機である。

(2)　企業は、トップの責任に厳しく、と役割を明確にしている

◆危機発生においては、まず腹を決めることが重要。自己の保身や世間体への意識が生まれると判断を誤り、さらに被害を拡大することになる。
◆迅速な意思決定こそ、トップの責任。大局を見る鳥の目と局面を見る虫の目を持つ。
◆危機進行中、状況によっては方針を転換・修正する勇気と柔軟性を持つ。
◆トラブルに対しては、早い段階での説明と謝罪が必要。言い訳やあいまいさは不信感を生むきっかけをつくる。現段階で分かっている内容をつかみ、限定的であっても誠実に説明する。

(3)　社員は組織の一員であると共に、個人としての判断と意思決定が求められる

◆一人ひとりが日常の慣れを疑う。

◆上からの指示（トップダウン）がないと動けないのは弱点である。一人ひとりが柔軟に判断できる力とシステムを持つ。それがボトムアップであり、会社全体の力になる。

(4)　事後的な対応も重視する

◆危機が発生したケースについて検討する。教訓化し学習化する雰囲気としくみを職場に育てる。

◆問題点の明確化と共有を図る。しかし、個人の責任を追求するのは避ける。危機を発生させたことは問題であるが、どう対処したかが重要。新たな計画を立てる際に役立つよう、フィードバックを図る。

第Ⅰ章　子どもの危機とは何か

I　子ども危機論

発達と主体性の視点から

Q 子どもをめぐる危機をどのようにとらえるべきか？

A
- 子どもは、危機に対する力を自分自身につけていく成長発達の主体である。
- 見える危機は論議と対処の対象になるが、子どもにとって真の危機である「集積される発達上の危機」はほとんど認識されない。
- 子どもは、「危機」という言葉より「不安」といった言葉でとらえている。

はじめに

危機管理は、もちろん危機への対処法として重要であるが、私は、根本的に危機とは何かを問うことがまず大切であると考える。なぜなら、いかに対処するかはどのように危機をとらえるかにかかっているからである。

ここでは、子どもをめぐる危機について、何がいったい危機なのか、どう考えるべきか、原理的な視点から問題提起をしてみたい。

1　危機を問うことの意味

危機管理は、もともと災害や政治・経済にかかわる言葉であった。それが、教育や福祉といった直接人間にかかわる分野にも広がった。理由は、それらの問題が難しくなったからである。しかし、大切なことは、危機管理を問うことによって福祉や教育を必要としている人々へのサービスの質を高めることにある。したがって、学校の危機管理は、子ども・生徒の側から明確に教育関係や教育内容を点検・評価することによって、教育力の向上、危機対応策の確立に寄与するものといえる。

何のための危機管理かという原理的な問いが、あらためてなされる必要がある。私は、子どもの発達の視点から危機論を考えてみたい。

2　子どもの人権・権利と危機

子どもの視点から危機管理を考えるとき、一つの重要な手がかりがある。すなわち、人権・権利の考えである。そこでは、次の三点が大切になろう。

第一は、人権の意味である。もともと人権・権利は、人間の危機に対処するものである。人権侵害は、人間の生命、生存、生活を危うくするものである。したがって、私たちはその侵害から人間を守ることを「人権保護・保障」と言っている。例えば、生存権、幸福追求権、嫌煙権、日照権、プライバシー権などがそうである。

　その意味で言えば、子どもの権利条約（以下、単に「条約」という）は、子どもたちの生存、発達を脅かす危機から子どもたちを保護し、発達を保障するもの（人権・権利保障）ということができよう。

　第二は、子どもと危機の関係である。条約は、子どもを権利行使の主体と位置づけている。したがって、危機管理の主体として育つこと、あるいは育てられることが課題となろう。そこで、条約の第三条にいう「子どもの最善の利益」の視点から危機管理をとらえ、内容を豊かにすることが重要になってくる。

　第三は、わが国の子どもたちの危機と発達保障である。前述の視点からすれば、条約はいわば総合的な子どもの危機回避、権利保障であるが、国の状況によってその保障形態は異なる。わが国において、今子どもたちに保障すべきは精神的豊かさである。すなわち、条約第三一条の「休息・余暇、遊び、文化的・芸術的生活への参加」の権利保障であろう。

3　危機と管理の本質

(1)　危機に際して求められる主体性

危機は生きていること自体の中にある。リスクのない生活はない。したがって、危機対処のポイントは、それを好機とする視点、先送りしない決意と対策の確立、リスクを決定的な危機（クライシス）にしない認識力と対応力、危機を予知し回避する力の形成、発生しても最小限化（減災）する方法と努力などである（序章参照）。

これらは、とりも直さず私たち一人ひとりの力を問うことがらである。危機とどう向き合うかもむろん重要であるが、私たちがどういう力を形成するかがより本質的なことがらとなる。危機における認識、予知、分析、対応、連携・連帯にどのように自分がかかわるかである。つまり危機の主体性である。それゆえ子どもについても、保護の対象であると同時に、子ども自らが危機に対処する力を育んでいく存在としてとらえるのである。

(2)　自己管理能力の形成

管理に伴うイメージはよくない。教育においては、管理は自由の対立語としてとらえられてきた。それは、一方的に生徒を管理の対象としたことにも原因がある。

しかし、健康管理、商品管理、衣類の管理、公園の管理など、管理は生活にとって不可欠である。気候に応じて快適に暮らすには、気温に適した衣類をすぐ着られるようにしておかなくてはならない。公園を住民の憩いの場とするには、植物の性質に応じた手入れが欠かせない。

情報についても「処理」といわれるが、必要な時に必要な情報を取り出せるにはやはり管理が大切となる。阪神淡路大震災の折には、大量の救援物資の仕分けに商品管理部門で働くボランティアのノウハウが役立った。

人間が管理の問題となる時、それは管理の主体者として、その能力をどう自分に形成するかが重要になってくる。つまり自己管理能力の形成である。とりわけ子どもは、危機に対する力を自分自身につけていく成長発達の主体である。そして、家庭、学校、社会はそのために支援の力を発揮するのである。

4　子どもたちの危機と構造

(1)　何を危機と見るのか

危機は、それを何の危機ととらえるかで見えてくるもの、課題となるものが異なる。「学校の危機」としてとらえると組織の問題となる。そこでは、管理職者のリーダシップ、学級経営・運営の問題、教師の力量が課題となろう。

「教育の危機」ととらえると、人を育てるという営為自体に伴う問題がテーマになってくる。そこでは、現代のわが国の社会における教育の対象、目標、方法、内容、評価に関する課題がテーマとなろう。

そして、「子どもの危機」ととらえると、現代社会における発達上の問題が浮上してくる。私は、中でも子どもたちの発達にかかわる危機を直視しなくてはならないと思う。

(2)　発達にかかわる見えにくい危機

危機には二つある。すなわち、目前にある危機と集積される危機である。子どもの危機を検討すると、その難しさは「見えにくさ」にある。それは、教育、発達という性質に由来するものである。

集積された危機は、いわばリスク（危険）のクライシス（重大な危機）化として出現する。例えば、いじめは繰り返しによって心の傷を深め、その結果、不登校や自殺につながる。虐待は、その発達上のゆがみとなり、思春期、青年期、または結婚・子育てにおいて対人関係の問題を発生させる。

これらには、時間の経過、精神的な傷、見えにくい因果関係があるため、かえって大人や社会の危機意識は薄い。見える危機は論議と対処の対象になるが、子どもにとって真の危機である「集積される発達上の危機」はほとんど認識されない。

(3)　子どもにとっての危機

子どもの危機には二つある。すなわち、子どもが危機の対象となることと子どもにとっての危機である。前者は、大人と社会が子どもを危機の対象とすることである。例えば、少年による特異な事件が起こると、子どもモンスター論が説得力を持ち、社会には子どもを危険視する言説とまなざしがあふれ、大人の危機感情は増幅される。

しかし、子どもからすれば、逆に大人と社会の側に危機があるということになろう。これについては、本格的な調査が必要である。

現代のわが国の社会では、物質的に豊かであるにもかかわらず、また教育制度が整っているにもかかわらず、子どもたちは危機状況にある。私は、それはいわば「豊かさの中の危機」というわが国特有の現象であると思っている。

子どもは、年齢にもよるが、危機という言葉よりむしろ不安とか問題といった言葉でそれをとらえている。子どもたちの側に立ってみると、次のようなことが危機（不安）として感じられるだろう。

環境問題では、自分たちの時代に地球は大丈夫なのか。食生活問題では、身体は健康に育っているか。心の発達においては、なぜキレやすいのか、がまんの力（耐性）はつけられているのか。少子化の中でコミュニケーションの力はきちんと育つのか。善悪の判断基準はきちんと育っているのか。

教育においては、自分の適性は何か、それを発見し伸ばすことはできるのか。就職はできるのか。情報環境では、主体的に活用できる力はつけられているのか。そもそも自分たちは「自立」できるのか、大人になれるのか、など。いや、子どもたちの不安の声はもっと続くに違いない。

大切な小さなかかわり

子どもの危機は、社会環境としての危機（社会の矛盾）が発達の阻害要因として現われてくることにある。それは、子どもたちを静かに確実に浸食する。

子どもの危機は、次代に直結する危機であり、したがって大人や社会の課題である。だが、大人の側の危機意識は薄い。あるいは関心があってもどうしてよいのかわからない状況もある。

大人は、子どもの育ちへの小さなかかわりを大事にしなくなっている。これこそ子どもたちにとって真の危機であるように思われる。

2 成人論

大人にさせない育ちの危機

Q 今日の社会が子どもを大人するには何が必要か?

A
- いつの時代も、どのような社会も、子どもを大人にするための〝ものさしとしくみと証《あかし》〟を用意していた。
- 子どもが育つには、「大人になる—させる」関係・仕組みと「大人になる」具体的基準が必要である。
- 今の日本だからこそ、子どもたち一人ひとりが自分の成長を実感し確認できる通過儀礼が必要である。

はじめに

大人たちは、若者たちが幼くなかなか自立してくれないと嘆く。仕方がないから三〇歳で成人に、との声が出る。すると今度は、三〇歳が大人では単に個人の問題ではなく、国家・社会の危機であるとの声が出る。

私は、今日の社会に大人にさせない仕組みがあると思う。それは、子ども・若者からすれば、大人になりにくい、大人になれない育ちの危機である。大切なのは、現象を嘆くのではなく、何が自立を遅らせているのか、そもそも自立とは何か、大人とは何か、どうしたら育つのか、どのような仕組みが必要なのかを問い、実践へのてがかりを探ることであろう。

1　成人式が危機なのか、大人になれないことが危機なのか

成人式が荒れている。二〇〇二年沖縄の那覇市では、若者が会場に酒樽を持ち込めないため大暴れをした。その前年高松市では市長に向けてクラッカーを鳴らし、高知市では知事に対して「帰れ」コールをし、怒鳴られた。

大人は、晴着を着た大きな体と言動とのちぐはぐさに、成人式というより七五三を見て、日本はどうなってしまうのかと危機感を募らせる。

大人と若者の間にはずれもある。大人は成人式を「人生の節目の式」と考え、若者は「同窓会」だと思っている。しかし、重要なのは、荒れる成人式は何を大人に問うているのかということである。

国民の祝日に関する法律は、成人の日を「おとなになったことを自覚し、みずから生き抜こうとする青年を祝い励ます」と意味づけている。大切なのは、大人になるとは、大人にするとは何かを根本的に問い直すことである。法律がいう「おとなになってみずから生き抜く」とはどのようなことなのか。

かつて成人式は、子どもたちがそれまでの自分を総括し、新たに出発する社会的な「死と再

生の儀式」であった。今成人式では、悩む大人の姿ばかりがクローズアップされ、手引書まで出されている状況にある。どうしていいのかわからない大人の方こそ危機なのかもしれない。

2 豊かさの持つ残酷さ

「豊かな社会では男の子が幼い」といわれる。

成人式でも、目立ちたいと騒ぐ男子の脇であきれ顔の醒めた女子たちがいる。男の子の幼さは、とくに母親たちが感じているようである。だからだろうか。事件が起こり、どうも犯人は少年らしいという話が伝わると、息子の居所を求めて親が探しまわるともいわれる。

豊かさの何が子どもたちの育ちを難しくしているのだろうか。三つ指摘したい。

まず過剰な消費である。今私たちの生活は完成品を必要以上に消費することで成立している。次にあふれる情報である。たくさんの情報があることが豊かであると誤解している。そして長い教育期間である。子どもたちの中には「飽学」の気分が生まれている。

これらの状況は、子ども・若者を受け身にし、生の実感を希薄にしている。そのため、存在は客体化・観念化されてしまっている。自分が関心を持てることを早く自らの手で、失敗しながらも確かめたいとする子ども・若者にとって、豊かさはある意味で残酷である。

大人は、何不自由のない社会でどうして不満なのかと言うが、自分の生き方ができないことこそ最大の不自由なのである。

3　〝一人前〟と〝自立〟、これからは〝個立〟と〝個生〟へ

それでは、どうしたら子ども・若者は大人になれるのだろうか。

いつの時代も、どのような社会も、子どもを大人にするための〝ものさしとしくみと証《あかし》〟を用意していた。

いつだったか、あるテレビ番組で、ラップランドの民族は、指一本でトナカイの皮を剥いでいくことができたら一人前の男と見なし紋章をもつことが許され、またアフリカのアパール族は、ラクダの世話ができたら一人前で、証として大きなナイフが持つことが許される、ということを放映していた。

むろんわが国でもかつては一人前の基準とその仕組みがあった。

農業社会では、男子は稲作の技を習得すること、女子は家事・縫い物ができることが一人前の基準であった。その基準は生産手段と直結し、具体的で分かりやすかった。地域も地場産業を後継させる必要から、大人がさまざまな親代りになり共育した（乳児死亡率も高かったこともある）。

そこには、生存に不可欠なものとのかかわりで「大人になる—させる」関係があった。だから、子どもたちにも「大人になること」が見えた。

高度経済成長の時代は企業に就職することが自立となった。その仕組みは長期に渡る学校教育（進学塾を含む）であった。

産業構造の変化は自立を変えることになり、地域の通過儀礼も姿を消した。そして豊かな社会は、さらに教育期間を延長し、自立を多様化させた。経済的自立といっても親元で食費（食

い扶持）も入れず給料のほとんどを使える者もいれば、定職はなくとも、自分の生き方を時間をかけながら模索している精神的に自立している者もいる。

私は、これからは、さらに一人ひとりが自分の生き方を大切にし、個として生きる〝個生〟が尊重されるべきと考える。そのためには、個として自立する〝個立〟が大切な価値となる（しっかりした個を持つことが、他者との連帯を可能とする）。

価値観の多様化した社会では、大人になる基準を可視的・統一的に持つことは困難になる。それは、就職＝給料だけではなく、精神的・人格的な成熟、内面的な成長を含めて総合的に判断されなくてはならない。

子ども・若者は、ある時を境に突如として大人になるわけではなく、大人の支援を受けながら、自己判断と決定の力を育み、自己の言動に責任を持つようになり、〝大人性〟を獲得していくのである。

4 〝大人性〟を獲得するために求められているもの

子ども・若者が〝大人性〟を獲得するための柱として、次のようなことが考えられる。

まず、子どもたちが生活の中で、できるだけ生産と創造に参加し、主体者になることである。そのためには、彼らに自分が生の主人公となれる場面をたくさん用意することである。

次に、情報は量ではなく質であることを実現させる。情報は自分に引きつけたとき意味を持つ。大切なのは、情報を主体的に取捨選択できる力を子どもたちに育てることである。

そして、教育を画一的なものではなく、多様な仕組みに変えていかなければならない。年齢にかかわりなく、学びたい時に必要に応じて学べる柔軟なシステムが求められている。

さらに、次のようなことが求められよう。

◆目標となるモデルが身近にいることである。

◆まかせて待つことである。失敗とつまずきが許されることである。そのためには、待つことのできる大人の側の主体性が求められる。

◆技や匠との出会い・習得があることである。とくに男子は、身体を使い、全身で受け止め体得するという傾向がある。

◆具体的な役割と達成感と承認があることである。

◆乗り越える適度なハードルがあることである。

5　「仕事親」と通過儀礼

今日の社会では通過儀礼が受験となっている。だが、本来通過儀礼は新しい世界に入る節目の儀式である。したがって、今日でも、というより今日だからこそ子どもたち一人ひとりが自分の成長を実感し、確認できる通過儀礼が必要なのである。

私は、それは職業との出会いであると思う。つまり、自分の関心と適性と能力を知るために仕事を知るということである。

子ども・若者が出て行く社会は、多様な職業で成立している。小さなときから仕事や商売に接することの意義は大きい。地域のさまざまな職業を持つ大人が「仕事親」として子どもたちにかかわる。

ささやかでも「住込み」と「徒弟」関係があればなおよい。そして「仕事親」は言葉より行動でものをいう。そこでは「父性」にも出会うことができるだろう。「仕事親」との緊張のある空間、濃密な時間は大人の言動を子ども・若者に浸透させるはずである。

自己の内での育ちの確認と他者からの承認が彼らを大人にする。（同じ趣旨で、私のかかわった茨城県青少年健全育成審議会報告書『青少年と地域活動―青少年が自らの〝生〟を生きるために』は、「地域親」〔本書第六章2〕を提言している）。子ども・若者にとって必要なのは、式よりも大人性を実感しうる〝通過儀礼＝育ちの節目〟であり、ささやかでも実際にかかわってくれる「仕事親」の存在である。

おわりに――若者たちの求職運動

仕事は、もちろん生活の糧であるが、同時に私たちは仕事を通して社会に参加する。現在の就職難は、若者の社会参加意欲をいっそうそぐ結果となっている。これは明らかに国家・社会の危機である。したがって、ワークシェアリングは、若者にこそ不可欠な制度である。

現在は、若者から求職運動が起こっても不思議ではない状況になっている。ところが、社会は社会改革の視点と力を失い、フリーターを今の若者の気質とすることで問題の原因を彼らだけに帰そうとしている。

今日の子ども・若者における育ちの危機を解決するために求められているのは、嘆きや評論ではなく、大人の知恵と、できるところから始める行動力である。

第2章　子どもたちに起こっている問題をどうとらえるか

I　ケータイ論

1　使える人か、使われる人か

Q　子どもとケータイの問題をどう理解すべきか?

A
- ケータイは、時と場によってはパブリックな空間にパーソナルな空間を出現させることになる。
- 大人は子どもたちに機械を与えたが、使いこなす文化を形成していない。
- ケータイ・トラブルが子どもの心や生活に影響を与えている。ケータイも危機管理に属する問題を有している。

はじめに

携帯電話が子どもたちにとって不可欠のものになっている。それが若者文化をつくっている。表記も「携帯」ではなく「ケータイ」である。他方、子どもたちのケータイを前に悩む大人の姿もある。

便利さと同時に何が問題なのか、どのように考えればよいのか、どう対応したらよいのか。ケータイについて、親の対応も含めて考えてみたい。

1　二つのCMと投げ捨てられたケータイ

このところ、若者とケータイについて気になっているせいか、思わず二つのCMに耳を傾けた。一つは、「話せればいいじゃないか」と言っているものであり、もう一つは「マナーも携帯してますか」と問いかけているものである。

前者は、機能がどんどん進化していくことに対して、そもそも携帯電話とは何かを問うものである。同時に料金についても問うているのであろう。そして、後者は使い方について問いかけるものである。

また、TVドラマ『北の国から』の最終章「遺言」を見ていた時にもハッとした。地井武男演じるおじが甥のケータイを取り上げ、川に投げ捨ててしまう場面に出会ったからである。甥は、人とのかかわりをケータイ・メールでつくっているようである。

画面は、せせらぎに沈むケータイを映し出した。ケータイをめぐりわが子とやり合っている親や、生徒の無規範な使用に頭を痛めている教師は少しスカッとしたかもしれない。

だが、原作者は何をメッセージとして視聴者に送りたかったのか。もっと生身の人間に向き合えよと言いたかったのかもしれない。考えさせられる場面である。

2　ケータイを比喩してみると…

今携帯電話は、若者には「ケータイ」と呼ばれ、表記されている。大学生に両者の違いについて聞いてみた。

「携帯は中年が使い、ケータイは女子高生、若者が使う。携帯は単機能でケータイは多機能。携帯は仕事でケータイは遊び」などと答えてくれた。なるほどと思った。そこには、明らかに若者文化としてのケータイの存在がある。

そこで、あらためて若者にとってケータイとはどのようなものなのか聞いてみた。直接、あなたにとってケータイとは何ですかと問えば、きっと決まった答えが返ってくるだろう。

しかし、「○○のようなもの」と比喩して答えてもらえば、彼らの意識を知ることができる。理由も書いてもらった。いくつかのグループにまとめることができた。

一つは、自分たちにとって身近なもの、当たり前のものという意識を表す「身体の一部」「空気」「財布」などであった。これが多かった。

次に、精神面にふれて、安心感の意味から「友人」「相棒」というものがあった。

さらに、いつでも直接相手につながることに注目して、「心の掛け橋」「絆」という表現があった。

反面、ケータイの持つ二面性について注意を喚起するものがあった。つまり便利さとはまり込んでいく怖さである。学生は「底なし沼」と比喩した。

また、「くわえたばこ」というのがあった。「離せなくなっている」からである。暇さえあればいじっているから「おもちゃ」というのもあった。ケータイ依存はすでに起こっている。学生も機械に使われたくないと戒めているのだろう。

ケータイを利用する人には「使える人」と「使われる人」がいる。前者はテクニックについて言っているのではない。マナーと節度について言っている。後者は使い過ぎる料金だけについて言っているのではない。マナーのなさと依存について言っている。

なお、今の大学生はドラえもん世代なのだろうか。「ドラえもんの道具」、「四次元ポケット」という比喩もあった。

3　パブリック空間の中のパーソナル空間

(1)　私語とケータイと学習権

ケータイが若者の生活に定着していれば、当然それをめぐる問題も生まれる。大学の講義も例外ではない。講義中、学生が机の下でケータイ・メールを使いやりとりをしている。今やどこの大学でもみられる風景であろう。

電波に色があり見えるものであったら、きっと教室にかなりの数が出入りし交錯し合っているのだろう。教員も見えないから講義を続けられるのかもしれない。

私は、ここ数年、講義の第一回目にケータイについて自分の考えを述べることにしている。それまでは私語について話をしていた。

ついでに私語についてふれると、次の二つのことを毎年伝えていた。

一つは学習権である。自分に学ぶ権利があると同時に他者にも学ぶ権利がある。私語は教員の教育権と他者の学習権を侵害する。法律の講義で、権利と義務、秩序と規範意識などをテーマにしながら、講義自体で実践されていないのでは矛盾である、という話をしていた。

もう一つは、学習の公的責任性である。学生は、私立大学は自分たちの授業料で成り立っていると思っている。しかし、私学の教育も国民の税金で支えられている。学習は個人の権利であると同時に公的な性格を持っている、ということである。

ケータイについては、とくに次のようなことを伝えている。ケータイの最大の特長は、いつでもどこでも個人にダイレクトに速く情報を届けられるところにある。しかし、講義中メールのやり取りが始まれば、それは教室というパブリックな空間にパーソナルな空間を出現させることである。それは学習の放棄である。まして着信音が出たり、会話をするのであれば当然学習秩序を壊すことになる。

(2)　ケータイ文化の未成熟

ケータイの利点はたくさんある。それは認めながらも、使い方によっては公共性という価値と衝突する。

先述のCMが問いかける「マナーも携帯してますか」は、機器にマナーモードはあるが、結局使うのは人であるから人間の意識の中にマナーモードが形成されていなければだめであるということを示唆している。

また、若者の心理的依存も生まれている。二四時間電源を入れていないと不安、入れていると人とつながっている感じがするという。ケータイがコミュニケーションのあり方に影響を与えている。

大人は子どもたちに機械を与えたが、使いこなす文化を形成していない。売る側は次々と新機種を開発し子どもを市場にしたが、使い方についてはかかわりを持っていない。すべて個人のマナーまかせである。このことは子どもだけではない。大人の電車内での携帯使用も節度がない。

そこには、公共空間と精神的価値の尊重に関して関心と認識の低い日本人がいる。公共の場所におけるルール、使い方ができていない。機器は高度になったが、ケータイを使う人間の文化はいまだ成熟していないのである。

4　ケータイと親の監護教育責任

今の親は大変である。

子どもの回りに物はあふれ、情報もあふれ、しかも情報は直接子どもたちに入っている。むしろ情報は親より子どもの方が持っている。次々と新しい機種も使いこなす。親は、自分たちが理解できないものについて判断と責任が要求される。

親が子どもに問題のサイトを見極める力を育てるのは難しい。ケータイについても、持つかどうかまではやり取りしても、所持してからかかわることはほとんどない。かかわるとすれば使い過ぎて料金でもめることぐらいである。

親が子どもの友人関係について知ることができない時代である。かつては子どもに電話がかかってきても取次ぐことで把握できた。固定電話では会話の内容もそれとなくわかった。子どもに異変があれば毎日の生活の中でどこかおかしいと感じた。

それがコードレスになりケータイになった。セキュリテイのため親が所持させている小学生は別にしても（それでも問題がないわけではないが）、親のかかわりが大切なのは中・高生であろう。ケータイ・トラブルが子どもの心や生活に影響を与えている。ケータイも危機管理に属する問題を有している。

それでは、親はどのような対応ができるのだろうか。物分かりのいい親だけで子どもは育たない。法が求めている監護教育責任は、時には物分かりが悪くても伝えるべきことを伝える役割を求めている。ここでは三点述べたい。

(1)　合意と取り決め

まず、親がしなくてはならないのは、購入に際して、料金も含め使い方のルールを取り決めることである。なぜなら、法律上未成年の契約には親の同意が必要であり（民法三条、四条）、また子どもの生活には親の監護教育責任（民法八二〇条）があるからである。

とくに契約というのは社会的な法律行為であり厳しい責任が伴う。このことを子どもに知らせる必要がある。子どもは将来契約の主体者として育つ存在であり、一方的な消費者ではない。

(2)　話題化と情報化

次に、親の基本的態度は、ケータイの否定的な面からのかかわりではなく、賢明な使い方に重点を置くことである。そのためには、日頃から話題にし、出会い系サイトなど危険な情報についても話題にすることである。

親が不得意な新しい使い方などは共通の話題とし、子どもから教えてもらえばよい。そして、困ったことが生じた場合はすぐ親に相談すること、話しにくい時は専門の相談機関に相談する知恵と力を持つこと、一人で悩み、問題や傷を深くしないことなどをきちんと伝えておくことが大切となる。

(3)　保護と育成

さらに、親の側からすれば、子どものケータイのチェックが問題となろう。それをどう理解すべきだろうか。基本的にはチェックはできないと考えるべきである。なぜなら、わが子であっても情報・プライバシーという精神的・人格的価値にかかわるものは当然尊重しなくてはならないからである。それは夫婦間、家族間でも尊重し合うべきものである。

親はわが子のプライバシーを大切にしながら、同時にわが子には他者のプライバシーを大切にできるよう育てる責任がある。

しかし、親には保護の責任がある。子どもの状況からみて、明らかにわが子に心配な事態が懸念される場合は危機介入しなくてはならない。親のチェックで深刻ないじめや自殺が防げるからである。実際その例がある。このことも含めて、親は子どもに何が大切かを伝えておかなくてはならない。それが情報社会を生きる親の情報であり、子の情報である。

2 危険情報と危機学習

Q 子どものケータイ使用について、今、何が必要か？

A
- ケータイは、使い方によっては被害者になるだけではなく、加害者にもなる。
- 今、子どもたちに必要なのは、わかりやすい危険情報と危機回避の学習である。
- 学校教育においては、情報とトラブルに関し事例と討議を中心とした実践的な学習方法が有効である。

はじめに

ケータイ電話の購入が高校入学前に集中しているという。情報は必要な時に必要な人に届いて価値を持つ。

便利さだけではなく使い方によっては危険性を持つケータイについて、子どもたちにいつどのような内容をどのように伝えるか、大人の工夫が問われている。

1　年度とケータイと必要情報

別れと出会いが続いてやってくる三月四月は、一年の中でも特別な時期である。私たちは、一月という新しい年を迎える節目を持ちながら、また年度という切り替えの節目を持つ。

年度とはよくできた制度である。会計年度・事業年度などと言いながら、実は卒業・入学・入社・異動・引越しと人が動く。また、それにつれて物も動く。

今私は年度とケータイのことを考えている。というのも、各種の調査によると、子どもたちがケータイを購入するのは三月四月の高校入学前に集中しているからである。高校生のほとんどがケータイを持っている今、購入のこの時期に適切な情報を届けたいと思う。

このほど、私もかかわっている茨城県青少年健全育成審議会（以下、同審議会という）は、ケータイトラブル対処法を含んだパンフレット『How To ケータイ～ケータイを語ろう』を作成し、教育庁の協力を得て中学校の卒業式当日親に配布した。

ケータイは単なる物の購入ではない。便利さと危険性を併せ持つ自己管理力の求められる機器である。ここでは、同審議会における私の経験とまた担当した論述も引用しながらケータイについて認識を深めてみたい。

2　情報はいのちとつながっている

進歩していく情報社会において、青少年はどのように生きていかなくてはならないのか。

とりわけインターネット、ケータイ電話にみられる電子メディアと青少年の関係はきわめて重要なことがらである。何が課題なのか、青少年にどういう力が求められているのか、何が大人の責任として、社会的な政策として必要なのか。

この認識に基づいて、同審議会は、平成一四年度一五年度の二年間、青少年の側から情報環境をとらえ、メディア社会を生きていく力の形成を課題に具体的な対応策（一〇項目）について提言した。その際、近年の青少年とケータイをめぐる問題の緊要性を認識し、ケータイマニュアルも作成した。

パンフレットは、若者が実際に手に取ってみたいと思うような装丁にして、内容も分かりやすく伝わるようにつくられている。そのために中高生の声を聴き、また彼らに何度も原稿を読んでもらった。文字通りの手づくりである。

基本的な考えにかかわる二か所を紹介しておこう。

「ケータイを語ろう」では、

「いま、ケータイは、私たちにとってなくてはならないものになっています。人とのコミュニケーションのツール、さまざまな情報の窓口、そこから私たちの世界もぐっと広がります。でも、キケンもあります。便利とキケンはいっしょです。キケンを知り、自分を守ることが求められています。ケータイを使うには自律性が大切になってきます。ケータイを持つことは責任も持つことです。ケータイに使われていませんか？自分に問いかけてみて下さい」と呼びかけている。

また、「大事に守ろう！自分の情報」では、

「私たち一人ひとりには、名前、誕生日、住所といった、その人にしかない情報があります。

ケータイの番号も、その人だけのものです。それは、自分の顔や個性と同じく大切です。これらの情報で親しくなることもありますが、反対に、簡単に教えたことでトラブルに巻き込まれることもあります。ストーカー行為などで、不安になったり、いのちまでねらわれる事件が起こっています。番号やアドレスを変えただけですまないケースも多くなっています。これからの情報社会を生きるためには、自分の情報（自分のいのち）を自分で管理する力、コントロールする力が大切になります」と注意を喚起し、「情報はあなたのいのちとつながっている！」と強調した。

さらにパンフレットは、「ケータイに振り回されていない？」「知っておこうトラブルと対策」「ケータイをとおした出会いについて考えてみよう」「みんなのルール、みんなでつくろう」「親子で話しあってみませんか？」「こんなときはここに相談しよう」などの項目で、ケータイに関するさまざまな問題を取り上げている。

3　審議会に青少年の参加を

同審議会の基本的な姿勢は青少年の側に立つことであった。具体的には次の五点である。

①こうあるべきという考えにとらわれず、まず電子メディアをめぐる実態を正確にとらえることから出発した。

②青少年問題の対策は、ともすると大人の頭で考えられ、青少年の求めていることと離れてしまうことになりがちであるが、可能な限り青少年から意見を出してもらい施策に反映することにした。

③情報環境における若者の問題の理解と対応策については、業界団体（携帯電話会社四社）にも協力を求め、その協議からヒントも得た。

④パンフレットの作成においても提言においても、現実に青少年が使えるもの、実効性のあるものを作成するように努めた。

⑤ますます進歩していくメディア社会にあって、何が青少年にとって大切な施策なのか方向性を示した。

同時に私は、青少年に関する審議会のあり方についても考えさせられた。

一つは、審議会に青少年の参加が不可欠であることである。青少年問題を論じる際、青少年の参加があること、あるいは具体的な声があることは理論的にも実践的にも感覚的にも重要である。世代間にギャップがあるのは当たり前であるが、大切なのは接点をどうつくるかである。

今一つは、審議会が持つべき実践への意欲と行動力である。今回はケータイパンフで応えることができたが、審議会は時間を要する政策を提言するだけでよいのだろうか。緊要な課題に対しても、どう現実的実践的に対処できるのか、真摯に問う必要があろう。

4　マナーまかせでよいのか——情報には情報を

青少年のケータイ問題への対応策について少し考えてみたい。同審議会も基本的な考えを三点述べている。

第一に、私たちにある特効薬期待の意識である。だが大切なのは、青少年にかかわる人・機関がそれぞれの立場で固有な役割を真剣に実践することである。そして足りない部分については謙虚に受け止め連携することである。

総合力とは、法機関、教育機関、家庭などがそれぞれの力を発揮した時に生まれてくるものである。

第二に、青少年の視点に立った情報の発信の工夫である。

第三に、青少年の参加である。青少年が主体的に参加し、施策についても意見を出した方が行動にも責任意識にもつながるからである。

今ケータイは、若者にとって便利さだけではなく楽しさ性やファッション性も持ち、生活の一部になっている。機能は進化し多様な使われ方をしている。だが、使い方によっては被害者だけではなく加害者にもなる。

青少年はケータイの持つ危険な情報（リスク・インフォーメーション）をどのように手に入れているのだろうか、あるいは手に入れていないのだろうか。

親はケータイの購入について、買うまではうるさく言うが、買ってしまえば後はほとんど言わないという。学校は校内での使用を禁止しているため積極的な情報提供をしにくい。企業は、機能の開発と販売には熱心でも使い方にかかわる問題についてはあまり熱心ではない。

青少年の情報源は友人からのものが多く、一面的で断片的で誤った情報もある。正確で有用な情報は届いていない。ケータイの使用は本人のマナーと良識にまかされている。したがって、それは各人の判断力、責任力とかかわるが、その力の形成は弱い。

通常、問題が未成年者にかかわることであれば、保護か介入か教育か規制かという論理が働く。しかし、今大切なのは、わかりやすい危険情報と危機回避の学習である思う。すでに地域においては、我が家のケータイルールの募集や地域での大人と子どもの共同の学習などさまざまな取り組みが始まっている。

5　ケータイに免許？

ケータイの持つ危険性を考えると、私は「ケータイに免許は？」の視点から問題を深めることも大切ではないかと思っている。学生にこの話をすると、最初はけげんな顔をするが意図は理解してくれる。

ケータイの便利さと危険性、賢く使う力とルールは車の運転と似ている。確かに車は走る凶器ともいわれいのちと直結している。だが、ケータイも出会い系サイトをめぐる事件や車・自転車の運転中の使用などはいのちとつながっている。

車の免許取得には、年齢の制限、教習所での実施学習、技能と学科試験、さらに更新がある。便利であっても危険なものには資格と使う力、規範意識が求められる。私は小中学生にケータイは要らないと思う。セキュリティのためなら単機能でよい。高校生には、充分なマナー・ルールの学習とリスク・インフォーメーションの提供と危機管理力の育成を責任のある立場の大人がそれぞれの持ち場でしっかりとやるべきと考える。

大人たちは、インターネットやケータイについて分からないからと積極的にかかわろうとしないが、いつの時代でも新しい機械は若者たちが使いこなす。大切なことは、使いこなす技術の点にあるのではなく、それらに伴う問題点を理解しきちんと大人の立場で青少年に伝えていくことにある。

また、学校教育では、情報とトラブルに関し事例と討議を中心とした実践的な学習方法が有効である。

さらに企業は、良質な製品を安価に提供するだけではなく、それの使用をめぐる問題に関しても社会的責任があることを明確にし、青少年が適正な使用ができるようさまざまな取り組みを積極的に遂行していくべきである。携帯電話会社（の連携）における青少年保護は重要な課題である。

2
情報論
選びとる力とつながる文化

AQ

情報社会を生きるために、どういう力が必要か?

- 受け手に主体性がない時、情報の量は不自由さとなる。
- 子どもたちには、情報が自己の尊厳、プライバシーにかかわる現代人の精神生活の重大問題であることを教え、自己情報についての管理能力を育成しなくてはならない。
- 自己にかかわる情報は、まず自分がしっかりと管理しなくてはならない。自分の情報を不用意に出す危うさは自らの身を危険に晒すことになる。
- サイトのこわさは「偽装の情報」にある。それがゲーム化している。
- 情報の生命は、迅速にわかりやすく必要な人に届くことである。

はじめに

子どもたちを取り巻く環境は急速に変化している。とくに情報の面では著しいものがある。そこには、量と速さと広がりを「豊かで便利」とする社会がある。他方、それらをめぐる問題も起こっている。真に問われているのは、情報の量を質に転化するために何が必要なのかであろう。

高度情報社会でありながら高度文化社会にはなっていない。これは、子どもたちからすればコミュニケーションにかかわる重大なことがらである。

1　情報の中の私たち

(1)　人間ドックと健康情報

毎年人間ドックを受けている。最後に医師からデータに基づいた総合的な説明がある。いつも驚くのは検査から実に多くのことが分かることである。

あらためて考えてみると、そこには情報とは何かということが凝縮してある。例えば、血液が持っている情報を検査が引き出し、分析・評価し、何かあれば再検査を含めて対応するということである。検査に始まる情報の分析と対応は、いわば血液情報の解読である。

実は、同じことが子どもの理解においても言える。つまり、問題行動という情報からいかに心の情報を読みとり対応するかということである。

しかし、他方で詳細な検査による情報の読み取りは、同時に過剰な反応と不安な心理をも生む。その不安が病気をつくらないかという心配がある。

だから、科学（医療）の力によって、事実の中から明らかにされた情報を伝えるには工夫が必要となる。むろん、事実の歪曲はあってはならないが、伝え方には患者の心理を理解した専門性が求められる。

患者には自分の心身にかかわる情報を知る権利があり、医師にはそれを分かりやすく伝える責任がある。だが、カルテの開示は私たちにも主体性を求めている。

(2)　第四の権力と情報の力

現代の社会において、情報の力、とくにマスメディアによる力は巨大であり、立法・司法・行政と並び第四の権力とも言われる。国家による情報隠しや操作が世界の国々で問題となっている。戦争は情報戦でもある（もともと情報とは、敵国について知ることから生まれたという）。国家・社会が健全であるためには、報道の自由、表現の自由、情報公開、国民の知る権利が不可欠である。そして、最も重要なのは、国民が国と報道機関のあり方に関心を持ち、主体的に理解することである。

私たちの生活も情報に基づいて成り立っている。生徒はホームルームで情報を得、教師は職員室で情報を交換をする。大学生は大学にきてまず掲示板を見る。

情報はわかりやすく言えば「知らせ」である。地域では回覧板が「お知らせ」として機能している。視覚障害者にとって点字は生活情報であり、盲導犬は安全に歩けるよう障害物の存在という情報を伝えてくれるパートナーである。

情報はまた、社会を変える力を持つ。内部告発は、わが国では「裏切り者」とされてきたが、会社等の組織が間違った方向に行かないために内部から不正を知らせるのである。社員による会社の危機回避である。

だから、内部告発者は、英語では警笛を鳴らすホイッスル・ブロウアー（whistle blower）と言われる。しかも、それが消費者の利益にかなっているから「公益通報者」として制度的に保護されるのである。

2　情報量を質に転化するには

(1)　選別する主体的力

最近、アメリカの有力紙の記者が記事を捏造していたと報道された。敏腕と言われていた記者である。インターネットで情報を取り、事実を加工していた。取材をしない「検索記者」になっていた。座学という言葉があるが、文字通り「座記」である。まず歩いて事実に当たるのは新聞記者の鉄則である。

近年は、学生たちのレポートもインターネットで取った情報が多くなった。それ自体悪いことではないが、気がかりなのはその資料を自分の思考によってどれだけ昇華しているかである。情報量が質を駆逐していては困る。

かつて日本経済がバブルの時、大学生の就職もまたバブルであった。学生の意識に内定数を誇るような状況が生まれた。

当時学生が言っていた。「宅配便で就職情報誌がダンボール箱いくつも届く。狭いアパートの入り口はそれだけでいっぱいになる。情報がありすぎてどれが大切なのかわからない」。

情報は自分に引きつけて読み込んだ時生きてくる。後は捨てることである。受け手に主体性がない時、情報の量は不自由さとなる。職業選択の自由を真に自由にするのは主体性である。

(2)　子育て不安と情報の電子化

子育てをめぐり、インターネットの情報を前に悩む親の姿がある。育児書によって見解の分かれる説を前に、いったいどちらを採ったらよいのか悩む親の姿がある。そこには、情報を主体的に選び取る力の方が先に問われているという課題がある。

今の親は子育ての力がなくなったと言われるが、むしろ子育てのぐちを言い、聞いてもらう力、コミュニケーション・スキルが不足しているのだと思う。

ツールは発達するものである。それを使う力が問われる。それを進歩にするか退行にするかは人間の力である。便利になればなるほど活用しうる力が必要となるが、現実は追いついていない。

先の育児書を前にした親の悩みは、実はどちらの説でもよく、大切なのは親に自信と元気が生まれることではないだろうか。それが子どもにとってもよいことである。子育てに不安になった時、多様な形でつながる手段があること、それを使う力があること、その力を形成しうるサポートがあることが子育てにおいて豊かな社会と言えるのだろう。

インターネットで悩みを吐露し、子育ての共感とヒントを得る方法もあろう。対面コミュニケーションが不得手の人もいる。しかし、顔を合わせ、聞いてもらい、つらさを受け入れてもらい励ましてもらう、そして対応のヒントを手にすることが大切なようである。

そのヒントは少しであるかもしれないが、カギは親の感情が受け容れられることである。それは溜息とか沈黙とかを含む共有の時間と場である。元気の源は、子育て力につながるコミュニケーションの力であるようである。

地域に小さな子育て溜まり場、井戸端をたくさん作り、経験者や保育士、保健師、栄養士、時には小児科医にも入ってもらうのである。その中で、自分の感情の出し方、他者との関係のつくり方も身についていく。

今、子育て中の親にとって大切なのは、本音で語れるささやかな場とそこにある不安の受容、そしてコミュニケーション・スキルの形成ではないだろうか。

3 学校と情報

(1) 危機情報とリスク・インフォーメイション学習

高校に『情報』の科目が新設された。メディア・リテラシーも進んでいる。子どもたちが情報社会を生きるために学校教育が対応しようとしているのである。

リテラシーとは「使いこなす能力」を意味するが、私はそこに次の二つを含めてほしいと思う。

一つは、情報を法と人権の視点から理解することである。すなわち、情報が自己の尊厳、プライバシーにかかわる現代人の精神生活の重大問題であることを教え、自己情報についての管理能力を育成することである。つまり自己情報コントロール権の存在と行使の力の形成である。

教育においては情報処理能力が強調されるが、生活する上で重要なのは管理能力である。自己にかかわる情報はまず自分がしっかりと管理しなくてはならない。

子どもたちは街頭で簡単にアンケートに答え住所を書く。会ったばかりの人にケータイの番号を教える。自分の情報を不用意に出す危うさは自らの身を危険に晒すことになる。自分の情報にあまりに無防備である。

今、個人情報はさまざまなところに流れ、売買されている。ストーカーは情報社会に生まれた犯罪でもある。個人情報を捨てたゴミ袋からとり、メディアの機器を利用して、繰り返し脅迫し被害者の生活と心を追い詰め破壊する。

もう一つは、危機情報の提供と危機回避の力の形成である。子どもたちが出会い系サイトをめぐり犯罪に巻き込まれている（逆にサイトを利用した少年による恐喝事件も起きている）。サイトのこわさは「偽装の情報」にある。それがゲーム化している。性も年齢も職業も信条も…自己情報を互いに偽装しうるのである。直接会った時、その落差から落胆、怒り、憎悪が生まれる。高齢者には悪質商法の被害に遭わないためのくらしの情報が出されている。子どもたちにも負の情報に対する予防と対処の情報が必要である。

学校教育は、生活と生き方に即してリスクを分かりやすく伝える「リスク・インフォーメイション」学習を積極的に行うべきであろう。

(2)　つなぐ人の役割——非行克服コーディネーター

近年、いろいろなところでコーディネーターという言葉が使われている。臓器移植コーディネーター、ボランティアコーディネーター、生活支援コーディネーター、発達支援コーディネーターなどである。

適切な訳語はないが、人と人、情報と情報を分かりやすくつなぐ人、という意味である。そして、そこには単につなぐのではなく、異質なものを調整し組み合わせ、一つの有効な力にする役割が含まれている。

情報の生命は、迅速に分かりやすく必要な人に届くことである。ところが、必要としている者には届いていないという現実がある。

情報には、一般的な啓発情報と個別対応情報がある。非行を繰り返すハイリスクグループに対しては、焦点を当てて情報を出す必要がある。つまりピンポイント情報である。

何が彼らの行動に影響を与える情報となるのか工夫がいる。その際、何を届けるかということも大切であるが、それ以上に誰が届けるかということが大切である。影響を持つ者が情報をもたらすのである。

薬物の乱用・依存においても、弊害の情報を単に流すのではなく、立ち直った人や依存を脱したかつての仲間が情報を届けるのである。その人たちの役割は「非行克服コーディネーター」と呼ぶことができよう。

3 規範意識論
生活の中でどう育てるか

Q
生徒の規範意識の形成について、どのように考えるのが有効か?

A
- 規範意識の高さは自己肯定感や他者とのかかわりにある。
- 自分に大切なものがある場合は規範を尊重し、逆に失うものがないと考えている場合は逸脱に近づく。
- 学校教育は、規範意識形成において授業と生活の両面でできることがある。
- 子どもは失敗をし、つまずきながら成長する。人に損害を与えることもある。その時、きちんと何がいけなかったのか叱られ励まされ、ことの重大性に気づいていく。
- 理屈や説教で規範意識が育つことは難しい。人との具体的なかかわりの中に、子どもたちの規範意識の形成に必要な豊かな養分がある。

3 規範意識論

はじめに

「規範教育を」との声がある。今の子どもたちはルールを知らない、マナーができていないからだという。指導という名で教師もきまりや規則を繰り返し言うことにむなしさを感じている。子どもの問題はいつも教育の対象となり、すでに「○○教育」という名の教育が現場にはたくさんある。教育の対象にすることで安心する社会の心理もある。

規範の問題は、学校だけが請け負えるものではない。教育現場も、そもそも規範意識とは何か、どう考えればよいのか、どうすれば規範意識を形成できるのか、一度法の目を通して見てみる必要がある。

1 サポーターの誇りとマナー

(1) 規範意識とは何か

規範意識という言葉は、その希薄さや教育の必要性は強調されても、具体的内容が問われることはあまりない。

規範とは行動や判断の基準となるものであり、規範意識とはそれらを価値として認める意識である。だが、それは包括的な言葉である。

教育現場では具体的に分けて使う方がわかりやすい。放置自転車の使用や万引きは犯罪（前者は占有離脱物横領罪、後者は窃盗罪）にかかわる法規範、学校や職場で生活・仕事を円滑にするためにあるのは規則・ルール、人を不愉快にさせないために携帯電話の使い方に気を使うのはマナー・エチケットである。

そして、内容にはしぼりをかけることである。あれもこれもは規範意識を薄くする。「法三章」の思想が遵守の原点である。親のしつけもあれもこれもではなく、わが家のきまりとして、いくつかに絞るところから始めることが現実的である。

(2)　知識としての規範と行為としての規範

規範で重要なのは意識でなく行為である。「知っていることと行うことは別である」と言われる。両者はどう結びつくのだろうか。行動化への力とはいったい何だろうか。

ワールド・カップで日本の初勝利に酔った若者が各地で騒いだ。しかし、夜明けにはゴミをすっかり拾っていった若者たちもいた。マナーがあるからゴミ拾いをしたのではない。サポーターとしての誇りがゴミを拾わせるのである。

大切なのは、マナーを支える誇りである。規範意識の高さは、自己肯定感や他者とのかかわりにある。

調査によれば、自分に大切なものがある場合は規範を尊重し、逆に失うものがないと考えている場合は逸脱に近づく。親との関係では、信頼関係ができていて自分への思いを感じている時は規範意識が高い。自分に対する肯定感や価値を認識している場合は逸脱行動に走らない。

罪を犯してから「自分をもっと大事にすればよかった」と少年は悔やむ。これらのことは、子どもたちの規範学習にとって重要なヒントを与えてくれている。

2　社会と司法による規範形成責任

(1)　「示し」・「けじめ」と大人の責任

私たちの規範意識を支えるものは単純明快である。

かつて大人は「お天道様がみている」と子どもを諭した。法諺にも「天網恢恢疎にして漏らさず」がある。検察は「巨悪は眠らせない」として政治の腐敗に挑んだ。そして、不正を起こした本人は「襟を正す」として法的責任のみならず社会的道義的責任を取った。それが、私たちの法的確信、規範意識の実体である。

だから大人は、時代を越えても崩壊しない価値、すなわち正義、倫理、高潔、節度、品位などを示した。それが大人の「示し」（範を垂れる）と「けじめ」（けじめをつける）であった。だが、今日はそれらが危うい。

(2)　浸食される規範意識の危機——摘発と厳正な処罰

子どもの規範意識の低下が指摘される。しかし、正確に言えば、子どもの場合は低下・崩壊というより不形成である。大人の場合は弱化、低下である（いや、大人も不形成なのかもしれない）。規範意識の弱まりは、実は大人の問題である。政・官・財界、そして司法界にまで及ぶ今日の不正は、子どもたちの意識に影を落としていく。

規範意識の危機は、いきなりある事件を契機に崩壊するものではない。徐々に子どもたちの意識に浸透していくものである。むろん子どもたちも、社会に全く不正がないなどとは思っていない。

重要なのは、不正は必ず摘発され処罰されるという厳粛な事実と法的確信である。法に対する不信、遵法精神の揺らぎ、司法への非協力は、社会秩序にとって明らかに危機である。

(3)　責任をとり、つぐなうことの正義——「カウンセリング化社会」の危機と「法化社会」

の機能性

故意であれ過失であれ、他者に損害を加えた場合、責任を負うのは社会の合意である（民法七〇九条）。子どもたちが法と責任に出会うのは社会体験である。子どもだからといって、社会の規範に直面させず、行為の人権侵害事実に向き合わせないのは保護でも育成でもない。問題を行為者の心の問題として過度に対応する「カウンセリング化社会」は危険である。なぜなら、それは行為の結果に向き合う加害者の真摯さを引き出さないからである。受容や理解は際限のない許容ではない。社会の「カウンセリング化」に伴い、規範への意識は薄れる。

確かに年齢によっては、責任、賠償は問えないが、責任を負うこと・つぐなうことの重要さと大変さはきちんと子どもに伝えられるべきである。それが「法化社会」の考えであり機能である。

(4)　行為のもつ社会関係性の意味

私たちの行為は社会関係性を持っている。成人式でふざける行為も威力業務妨害罪（刑法二三四条）に当る場合がある。

成人式の費用についても、そんなことに税金を使うなという声が住民から出されることもあれば、監査請求が出されることも考えられる。自分たちが社会に支えられていることに新成人は気づくべきである。社会的関係性を知ることは規範学習と結びついている。

3　学校教育と規範意識の形成

学校教育は、規範意識形成において何ができるのだろうか。授業と生活の両面があろう。

(1) 司法と共働の授業づくり

規範の学習は、主体的な「総合的な学習の時間」において、罪と罰の学習、法律学習として可能である。その際、裁判所訪問、傍聴など司法への参加と司法関係者からの授業内容への協力があろう（紛争《もめごと》論参照）。

鑑別所の心理技官、少年事件の付添人（弁護士）、矯正施設職員から、加害者少年の苦悩と立ち直りの過程を学ぶことも大きな意味がある。また、直接被害者の声を聴く機会も必要であろう。

(2) パブリック（public）教育——「私化」する世界を「公共」の世界へ

わが国でもパブリック（「公共」）教育が必要である。それは社会規範意識の形成とかかわる。大人にとって、公は官であり国であった。しかし、これからの子どもたちにとって「公共」は、自分たちの生活を良くしていくための連帯の場である。

ＮＰＯなどの学習を通して社会参加や寄付文化を学び、一人ひとりの力は小さくともつながりが大きな力となり、地域や社会を変えることを理解していくであろう。これについては、ＮＰＯ関係者の多様な学校支援、授業参加が求められよう。

高度情報社会において、今日ますます「私化」していく子どもたちの生活と意識を「公共」へと向ける意味はきわめて大きい。

(3) 求められる教師のルール観と学級運営

学校生活自体が規範学習の場であり対象である。だが、きまりを守ることだけを強調し過ぎると形式的で窮屈なクラスづくりと運営となる。それは、守れなかった生徒への排除となり、いじめの温床ともなろう。

生活の中の具体的な事実を大切にしながら、共同の世界をどうつくっていくのか。それにはクラス担任のルール観と実践力が問われる。

(4)「叱正発達権」の確立

あやまちに対しては、きちんと叱って教える関係の形成が不可欠である。これまでの子育て・教育はほめることが強調された。「懲戒権」という古い言葉も敬遠された。子どもの発達に即した適切な言葉を探すべきである。「叱られ正され判断と行動の基準を知り成長発達していく」という意味で「叱正発達権」はどうだろうか（叱正論参照）。子どもには、本来的に内在している育つ力がある。したがって、育成権より発達権である。

子どもは失敗をし、つまずきながら成長する。人に損害を与えることもある。その時、きちんと何がいけなかったのか叱られ正され、そして励まされ、ことの重大性に気づいていく。ほめることだけで子どもは育たない。めりはりのある関係をつくるのは大人の責任である。

確かに、叱ることは気まずい関係を生む。だが、ここぞという発達の場面でそれを避けることは、明らかに親・教師の教育の懈怠である。

おわりに――役割の承認とモデルとしての誇り

高校生が小学生のキャンプに応援隊として参加し、サポートの役割を担う。時には小学生の聞き役となり、時には注意もする。年下の子たちに規律やマナーを自ら示すことが必要となり、それが高校生の誇りとなる。背後には小学生たちの目があり、それらを感じ意識する（「役割

3 規範意識論

―「承認」論参照）。

理屈や説教で規範意識が育つことは難しい。人との具体的なかかわりの中に、子どもたちの規範意識の形成に必要な豊かな養分がある。

4 男女交際論

高校生の事件に見る危機と対処の力

Q 高校生の男女交際では、どういう力が必要か？

A
- 大切なのは、交際における感情のもつれをほぐすため（トラブル回避）の力の形成と発揮、つまり人間関係、コミュニケーションにおける危機管理である。修復の仕方、あきらめ方、別れ方も生きていく力である。思い通りにならないことを受け入れる柔らかな心の育成こそ危機管理である。
- 子どもは、親から常に適切な回答をもらいたいと考えているわけではない。一人の人間の体験として気負わず話してほしいのである。その向き合う真摯な姿に説得力を感じるのである。
- 高校生なら、心に幅を持ち、危機に対処する力を持ってほしいし、つらいときには、ものの見方・考え方を変え、ぐちる力、聞いてもらう力も発揮してほしい。

4　男女交際論

はじめに

二〇〇二年三月下旬、茨城県で、一七歳の男子高校生が交際していた女子高校生の遺体を埋めたとして逮捕され、その後、殺人の容疑で再逮捕されるという事件が起きた。

私は、この事件には、高校生の男女交際と危機管理について大切な課題が内包されていると考える。

子どもたちは、交際における危機対処力をどこでどのように身につけるのであろうか。交際は、いつもうまく行くわけではない。修復の仕方、あきらめ方も生きていく力である。心の危機管理力、親や学校のかかわりの問題も含めて、検討する必要がある。

1　事件から何を読み取るか

この事件に関し、教育関係者は、「命の大切さ・心の教育」を強調した。それに対し、紋切り型という批判もあるが、事件直後に踏み込んだコメントは無理であろう。

むしろ大切なことは、事件が内包している課題をていねいに検証し、実践に結びつけることである。それが大人の側の危機管理ではないだろうか。

私は、とくに高校生の男女交際と危機管理について重大な課題を含んでいると考える。

2　心の危機管理――もつれとほぐす力

「別れ話でけんか、逆上」。

これは事件を報道した新聞記事の見出しである。一見すると高校生の事件とは思えない。

しかし、高校生とはいえ、交際があれば愛を深めることも、逆にもつれ・破局が生じることもあるだろう。

もつれは大人にだけ、あるいは男女間にだけ生じるものではない。家族、友人、職場の同僚、人間関係があれば生じる。

大切なのは、もつれをほぐすための力の形成と発揮、つまり人間関係、コミュニケーションにおける危機管理である。

子どもたちは、交際における危機対処の力をどこでどう身につけるのだろうか。修復の仕方、あきらめ方、別れ方も生きていく力である。好きになれば、いつもうまくいくわけではない。思い通りにならないことを受け入れる柔らかな心の育成こそ危機管理である。事件を未成熟な二人の問題に帰してはならないと思う。

3　〝感〟を〝観〟へ

犯行の動機について、地元紙は、被害者の女子生徒が「『結婚するなら彼しかいない』と友人に話し『ほかの女の子とは誰とも話さないで』と求める被害者を男子学生は次第に疎ましく思うようになった」と報道している（二〇〇二年三月三〇日付茨城新聞）。

好きな相手を独占したいと思う気持ちは自然な感情であろう。それが男子生徒を追い詰めたのだろうか。しかし、好きであるということと将来を決めるということには距離がある。男子生徒は自分の一生を決められてしまう危惧を持ったのかもしれない。

二人の高校生は、女性、男性、夫婦、家族について、いったいどのようなモデル、見方（観）

を持っていたのだろうか。恋愛感情を○○観へと高める学習の機会を持つことはできなかったのだろうか。

「一日何十回となくやりとりされた携帯メールの交換」（二〇〇二年四月二九日付茨城新聞）が愛の確認なのかどうか、とても考えさせられるテーマである。

4 なぜ、リスクがクライシスになったのか

講義で、学生に高校時代を振り返り、男女交際について意見を書いてもらった。現在の彼らは、だいぶ客観的に見るようになっているが、その内容は本事件を考えるヒントになる。

男女交際から得られることとしては、人間関係が学べる、人を大切にする気持ちが育つ、家族以外の人にいだく特別な感情が育つ、異性の考え方がわかる、などをあげている。

他方、危機状態とは何かについては、相互に不信感が大きくなる時、思いが間違った方向に強く行く時、憎しみに変わる時、妊娠の可能性が発生した時、勉強や部活に集中できなくなる時、などを指摘している。

そして、危機への対処については、話し合う、友人に聞いてもらうが最も多く、他に視野を広くする、深刻になる前に問題に向き合う、友人とカラオケで気分転換をはかる、冷却期間をおく、一人で考え過ぎない、などと書いている。

男女交際には得るところもあるが、問題もリスク（危険）も生じる。しかし、通常それらはクライシス（重大な危機）にまでゆくものではない。

本事件では、どうして一気に生命にかかわるクライシスにまで行ってしまったのだろうか。二人にはリスクをコントロールする力、解消する力、また支えてくれる力はなかったのだろうか（リスクとクライシスについては序章を参照）。

男子高校生には、女性の感情についてぐちを言ったり、意見を交換する友だち、先輩はいなかったのだろうか。女子生徒には、男の子の気持ちについてアドバイスをもらう友人はいなかったのだろうか。

5　親は公認しても放任しない

この事件では、「二人は、お互いの家を行き来する仲であった」と報道されている。

そもそも親は、子どもの男女交際にどうかかわるべきなのか。高校生であるならば、交際は基本的に本人たちにまかせるべきことである。子どもたちも信頼して見守ってほしいと言うであろう。

話しやすい家庭の雰囲気があれば、子どもの方から話すし、ふともらす言葉、表情の変化に家族が気づくこともある。

しかし、まかせることは放任ではない。親の考えも折にふれ伝える必要がある。ただ問題の性格から親の腰は引けてしまう。とくに日本の親は、子どもの恋愛や性に関してそういう傾向が強い。

親の対応は、男女交際に限らず、普段から本人にかかわることは本人にまかせ、大事な時にサポートするという関係を基本にすべきである。

多くを語る必要はないが、進路決定の際に自分の経験を話すように、男女交際についても親の体験を語り、その中で男性・女性・結婚・家族についての見方（○○観）をメッセージとして送ることが必要である。

受験では励まし支えて、恋愛の悩みやつまずきにはかかわらないというのではおかしい。両方とも親の監護教育の内容に属する。法がいう親の監護教育責任とは、難しいことではなく、まず生活において親の考えを語ることである。その中に危機への対処も入っている。

子どもは、親から常に適切な回答をもらいたいと考えているわけではない。一人の人間の体験として気負わず話してほしいのである。その向き合う真摯な姿に説得力を感じるのである。

6　生徒の「情報危機」と学校教育の対処力

高校生の男女交際について、学校はどこまで教育責任を負うべきだろうか。

基本的には本人たちにまかせるべきことがらであろう。そして、そこに生じる「まかされ、自分たちで考え判断し決定し、責任を受け止める」という力を育むべきである。たとえ校則・規則で禁止しても、実効性は乏しいと思われる。

学校ができることは、まず性教育、結婚・家族にかかわる授業を通して、正確な知識、考えを深める機会をつくることである。

生徒は、多くの情報を持ちながら、肝心のことについては間違っている場合が多い。異性観、性愛観、家族観はまだ貧弱であろう。とくに男子の女性観は歪曲されている可能性が高い。そこには情報の貧困、情報の危機が見られる。

次に、相談と指導がある。ところが、生徒指導という名目で介入しても実効性は薄いと思われる。むしろ教師が個人的に相談にのるという方がいいようである。

生徒は、先生としてよりも人生の先輩として相談にのってもらうということの方が話しやすいと言う。

ある大学生は、高校生時代に、「どう、いいおつきあいしている」と心配してくれた教師に親しみを感じ相談したと言っている。

おわりに——閉じられていた二人の世界

新聞報道によると、男子学生は「問題行動を起こしたことはなく、おとなしい性格」で、女子学生は「おとなしく目立たないが明るい子だった」ようである（二〇〇二年三月二五日付茨城新聞）。

むしろ二人の「まじめさ」が「思いつめる—重くなる」関係をつくったのではないだろうか。私が気になるのは、二人の関係が心理的にも社会的にも閉じていたのではないかということである。高校生なら、心に幅を持ち、危機に対処する力をもってほしいし、つらい時には、ものの見方・考え方を変え、ぐちる力、聞いてもらう力を発揮してほしいと思う。

その意味では、本事件の二人には、親や大人の適切なかかわりと援助を欠いていたのかもしれない。大人の側にも大きな課題を残した事件であった。

5 少年犯罪論
親の不安と教師の見方

Q 教師は、少年事件をどうとらえ、親の不安感にどう対応するのか?

A
- かつては、「うちの子に限って」という親の過信が指摘されたが、今は過剰なほど「もしかしてうちの子も」という不安感が親をとらえている。
- 教師に必要なのは、細かい知識ではなく基本的な見方を持つことである。
- 親は断片的な情報から子どもを見ているが、大切なのは毎日接している全体的な見方からわが子をとらえることである。
- とくに息子の思春期における心理と行動について、母親は困惑している。専門家によるわかりやすい思春期の理解の機会がほしい。
- 実は親たちをとらえている不安感の根源には、今日の社会とそこにおける子どもの発達の課題がある。親たちは「物豊かさ」に子どもの育ちの問題を感じている。「物社会」を超える論理と子育ての力が求められている。

はじめに

少年による特異な犯罪が起こると、親の不安はいっそう大きくなる。教師に意見を求めてくる親もいる。その不安のもとには何があるのだろうか。社会で注目される少年の事件について、教師はどのように理解したらよいのだろうか。

重いテーマであるが重要な問題である。大切なのは、細かい知識ではなく基本的な見方を持つことであろう。

１　不安の時代と子育て

近年テレビの番組欄に温泉・ペットといった言葉が目につくようになった。書店に行くと書名に生きる力、老人力、定年力、社会力、人間力など、○○力といった言葉が目につくようになった。

前者は、言うまでもなくストレスの多い現代人の癒しであろう。後者は、それぞれの現状を切り拓いて行くための源となる力の意味であろう。

五木寛之の近著に『不安の力』がある。老い、病気、死、心の傷などを対象に、不安を力にすることを説いている。少年事件や子育てはテーマとなってはいないが、その視点は重要である。

このところ、沖縄、長崎、渋谷と子どもたちをめぐる事件が続いている。わが子が犯罪を犯さないか、巻き込まれないか、親の不安は大きい。少年事件において、親が不安を力にできるには何が必要なのだろうか。

安心とは、一般的に問題を予防できるシステムがあること、問題が起こった場合対処できるシステムがあることとである。そしてそのシステムの条件には、正確な情報があり、必要な人に届くこと、使える制度があること、また利用者に使える力があること、それを身に付ける機会があること、前向きに対処できるよう支えてくれる専門家がいること、などがあげられよう。

個別の問題で言えば、課題がはっきり見えていること、それに対する対応策が課題の困難さに応じて段階的にも用意し得ることである。

2 長崎幼児殺害事件から

ところで、二〇〇三年七月一日長崎で起こった一二歳の少年による痛ましい幼児殺害事件は、少年犯罪への取り組みについて重要な課題をいくつも提起している。

第一は、未然防止の可能性である。少年の前兆行動と見ることができるいくつかの事件が続いていた。警察と地域の連携の中で、事件を未然に防止するには何が可能だったのか検証が必要である。警察からの地域への情報の提供と学校を含むコミュニティ論に基づく新たな地域防犯のあり方が具体的に問われるべきである。

第二は、加害者少年の処遇上の課題である。法律上は刑事未成年（刑法四一条）であるため責任は問われない。つまり福祉の対象である。しかし、生命を奪った行為の事実は厳然として残る。また、遺族の悲しみは癒えることなく深く、そして続く。

少年には責任を負える人間になっていく「人になる責任」というものがある。低年齢の少年による凶悪事件は、刑法・少年法・児童福祉法の死角にある課題である。少年には福祉的対応だけではなく、つぐないの視点に立った効果的な個別処遇が求められよう。

第三は、少年審判の課題である。少年法はもともと犯罪予防の法ではなく、非行を犯した少年の立ち直りの法である。しかし、審判における内容は社会に対し子育てと教育の情報の意味を持つ。そこには社会的普遍的価値があり、特定性への配慮はしながらも工夫のある開示が検討されてよい。

第四は、親の不安感である。とくに男の子をもつ親の不安が大きい。安心のある子育て、元気の出る子育ての視点からの対応策が求められている。

3　「うちの子に限って」から「うちの子も」への不安感

かつて子どもの問題においては、「うちの子に限って」という親の過信が指摘された。今は過剰なほど「もしかしてうちの子も」という不安感が親をとらえている。なぜだろうか。漠然とした不安感であるともいわれるが、詳しく検討する必要がある。

最近、教師が生徒の親に会うと、「うちの子は大丈夫でしょうか」と犯罪を意識した質問を受けるという。以前は中学生の親からの問いだったが、今は小学生の親からも聞かれる。親は、教師に「○○君は大丈夫ですよ」と自信をもって言ってもらいたいのである。

だが、教師は少年犯罪の専門家ではない。根拠もなく大丈夫とも言えないし、かといって不安な表情を見せることもできまい。教師に少年犯罪の解説を求めることは気の毒である。

教師に必要なのは、細かい知識ではなく基本的な見方を持つことであると私は思う。それを適宜親に伝えられればよい。

(1) 少年事件と報道

まず事件報道と受け止め方である。特異な少年事件は、年齢や動機と行為や結果がつながらないことがある。神戸連続殺傷事件、佐賀バスジャック事件の時もそうであった。

だが、メディアは「闇、狂気、閉じられた世界」といった言葉で報道する。この種の事件に共通した紋切り型の見出し語が親の不安を増幅する。

今地域で子どもについての学習会を開くと、長崎事件後、親たちの不安がいっそう大きくなっていることに気づかされる。しかも、断片的な知識を自分の子どもとつなげている。加害者の少年はゲームが好きであったと報道されると、ゲーム好きの自分の子は大丈夫だろうかと反応し、パソコンが好きであったというと、わが子とつなげて大丈夫だろうかと心配してしまう。

大切なのは、断片的な情報から子どもの部分を見るのではなく、毎日接している全体的な見方からわが子をとらえることである。同時に、親には厳しいが不安を問う力も求められる。つまり漠然とした不安感にせず、わが子に即して今何ができるかを問うことである。

(2) 凶悪化と犯罪統計

次に犯罪統計のとらえ方である。親の不安の一つに少年犯罪の凶悪化がある。詳細なデータを示す余裕はないが、ここ一〇年で見れば確かに凶悪犯のうち強盗は増加している。しかし、戦後の統計から見れば殺人は悪化していない。また、少年が幼児の命を奪うという事件は過去にも起こっている。

統計はどういう数字をどのように出すかで受け止め方は違ってくる。逆にいえば、出し方によって危機感はつくり出すこともできる。

さらに、事件数と子どもの数から見ても、わが子が凶悪な事件の当事者になる確率は低い。にもかかわらず親の不安は消えない。私は、たとえデータや確率の話が親の不安を容易に払拭しないとしても、教師にはできるだけこの視点を大切にしてほしいと思う。

(3)　思春期の理解

そして、男の子の思春期についてである。少年事件の多くは男の子によるものである。男の子を持つ母親の不安は大きい。とくに息子の思春期における心理と行動については困惑している。

性衝動や攻撃エネルギーも強まる時期である。だが、その力はまた自分づくりの力でもある。父親の出番が大切になるが、どうかかわっていいのかよくわからない。

学校において、専門家によるわかりやすい思春期の理解の機会があれば親にとってはありがたい。その際親を支援するために不可欠な視点は、思春期を問題の時期といったとらえ方ではなく、自立葛藤の時期とポジティブにとらえることであろう。

しかし、それでも実際問題を抱えている親は学校に行きにくい。むしろ学校がそれに関する相談機関などの情報を伝えることが期待されよう。必要な人に必要な情報を届けるには工夫がいる。

(4)　犯罪動機の不可解さ

さらに、少年たちの犯罪動機である。データを理解すればそれ程悪化しているわけではない。にもかかわらず凶悪化の言説が親や大人にすんなり入ってしまう。そこには、親たちの心理に事件の結果の残忍性と行為動機がつながらないという不気味さがある。

私たちは犯罪について、残虐さは動機とつながっているという了解可能なモデルを持っている。ところが特異な事件はそうではない。大人は、行為結果の残酷さと動機の短絡さに不気味さを感じ言い様のない不安を抱く。

近年、次々と出される精神分析の専門用語もいっそう不安にすると親たちは言う。むしろ行為結果の残虐さは、精神の病理に由来するものもあるが、発達の未成熟によるものととらえるべきである。

(5) 見えない子育て目標

親は今何を子育ての目標にすればよいのかわからないでいる。長崎の少年は、学校での成績は良く問題のある子ではなかった。子どもがつかめないということと共に、このことがまた親たちを不安にする。

今の時代において、子育ての目標は何か、具体的な方策は何か、それらがある程度見え、そして現実に機能するとわかれば、ずいぶんと親の不安感は和らげられるだろう。

(6) 根源にある「豊かさ不安」

私は、実は親たちをとらえている不安感の根源には今日の社会とそこにおける子どもの発達の課題があるのではないかと思う。親たちは「物豊かさ」に子どもの育ちの問題を感じているのである。少年犯罪はどこかでそれとつながっていると予感している。

消費社会と情報社会においては、大人と子どもの境界はなくなった。いや、むしろ消費と情報は子どもの方にあるとさえ言える。物と金の社会の中で子どもは大きな市場となっている。

渋谷少女監禁事件は子ども自体が性商品である。すでに社会には親の力を超えた、あるいは及ばない子どもを取り巻く状況ができている。にもかかわらず子どもが問題を起こせば子育て責任は問われる。メディアスクラムによる取材と報道のバッシングもある。

大人たちは物は与えたが、生き方という精神文化は与えなかった。子どもの育ちの問題に親や大人は〝心当たり〟がある。その不安感は悪化の予感でもある。

しかし、物社会を変えることはできないでいる。無力を感じながらの不安の日々である。これは根本的に現代社会そのものに対する問いである。それを明確に時代の課題とする責任が今私たち大人たちに問われている。

親の不安の根源には時代の予感と警鐘がある。現場の教師はどう受け止めるだろうか。

6 共有論
長崎家裁決定理由の公開の意味

Q 家庭裁判所の決定をどのように読むべきか?

A
- 司法を開かれたものとするには、紛争解決という法の知恵、裁判のシステムを国民にわかりやすく伝える必要がある。
- 少年事件は子どもたちの成長発達にかかわる問題であり、その決定は親の子育てや学校教育とつながっている。
- 決定文を共有する意味は、そこから国民が子どもの福祉と教育と医療について何を政策課題として引き出し得るかということにある。

はじめに

二〇〇三年九月、長崎家庭裁判所は、幼児殺害事件で送致された少年の決定理由要旨(ここでは決定という)を明らかにした。その決定について、公表はどういう意味を持つのか、私たちはどのように読んだらよいのか、検討することは重要である。それは、法律(少年法と児童福祉法）の課題だけでなく、発達障害の問題から子育て、教育、福祉、心理、医療に関わる重要な課題を含んでいるからである。

１　個別事件をどう普遍化するか

長崎家裁は、九月二九日、加害者である中学一年生の第二回審判を開き、少年を児童自立支援施設に送致し、一年間の強制的措置をとる保護処分を決定した。

決定は五千字に及ぶ詳細なものであった。少年審判は非公開（少年法二二条）であり、少年にかかわる情報は出されない。しかし、本件は社会的に関心を集めた事件である。その判断結果についても社会が共有できるよう公表した意義は大きい。

だが、公表がそのまま共有になるのではない。そこには、決定をどのように読み取るかが求められる。

文章の専門家から、よく法律家の文章は難しいと言われる。それは、用語の難しさもあるが論理の展開など論述のことを言っている。

法律は人権にかかわるから厳密さが要求され、そのため論述が難しくなるということはある。一度読んで内容を理解することは容易ではない。このことは判決文にも言える。

判決は、紛争にかかわる事実をていねいに論じ認定するため一つの文が長くなる。それは事実をたくさん盛り込むことからも生じている。したがって主語と述語も離れる。その長い文がいくつも論理的に展開され結論が導かれる。

判決や決定は、当該事件の処理・解決を目的とした法的判断・評価である。もともと広く国民に理解してもらうことを意図としたものではない。法曹界に独自のものとして通用してきたのである。だから紛争当事者にもわからない難しさがある。

しかし、司法は国民の生活と密接にかかわっている。判決は当事者のものであると同時に国民のものである。司法を開かれたものとするには、紛争解決という法の知恵、裁判のシステムを国民に分かりやすく伝える必要がある。

事件・紛争自体は、個別のものとして発生するが、それとともに普遍性を持つ。少年事件は子どもたちの成長発達にかかわる問題である。その決定は親の子育てや学校教育とつながっている。つまり普遍性とは子育ての社会化のことである。そこから、教育、福祉、心理、医療にかかわる課題をどのように引き出すかは重要な作業となる。

2 家裁はどのように判断し、何を認定したのか

私たちが決定を読む際注目したいのは、結論だけではなく、裁判所が何を根拠に、どういう論理で、どのような判断を導き出しているかということである。

本決定の「処遇の理由」は、「⑴事案の特徴、⑵少年の資質等、⑶本件非行の背景事情及び動因、⑷処遇選択の理由」から成っている。

まず事案の特徴では、「少年の供述では明らかではなく、原因などの解明が不可欠」とした。そして、少年の資質においては「外的刺激を処理する能力が限定され、衝動的で周囲の予想できない反応を示す傾向が見られ」、「他人との間に相互的情緒的交流をもつことができず、対人的コミュニケーション能力に問題がある」とし、「広汎性発達障害の一亜型であるアスペルガー

症候群である」と認定した。

しかし、本件非行については「アスペルガー症候群が影響していることは確かであるが、直接結び付くものではない」とした。

その上で、「家庭と学校が問題意識を共有せず、少年の発達障害に応じた指導に当たれなかった」点、「父母の養育態度は少年が同年代の子どもと交遊する機会を減少させ、少年の相互的コミュニケーションの拙さ、共感性の乏しさに拍車をかけた」点を指摘した。

そして、「中学入学で特別な配慮を受けることがなくなるなど環境が大きく変化し」、「本件非行のころ、少年はかなりの精神的負荷を負っている状態にあり、非行当日、少年は帰宅時間が遅れて日頃から極端に恐れていた母の叱責を受けると思い込み、緊張状態のまま家を離れた」と認定した。

殺害の行為については「防犯カメラを発見することで動転し、被害者を屋上から突き落とすという行為に及んだ」とし、行為そのものについては「幼児や小児にみられる心理的側面での性の発達に伴って生じる性器への関心が脅迫症状として発現したもの」ととらえた。

処遇については、「少年の成長に伴い、性的嗜好や関心、行動にどのような変化があるかを慎重に見極める必要がある」との認識を示し、「児童自立施設に収容し、対人関係の安定した規則正しい環境のもとで児童精神科医や発達障害児の療育の専門家等の援助を受けながら、少年に対応可能なプログラムによる特殊教育課程を履修させるのが相当」と判断し、個別特殊な対応を示した。

被害者遺族に対しては、「父母は、少年や家庭での問題点を真剣に考え、遺族にもできる限りの謝罪の措置を講じる必要がある」と述べた。

3 何を学び、何を政策とするか

(1) 決定が持つ社会的機能

既に述べたように決定を共有する意味は、そこから国民が子どもの福祉と教育と医療について何を政策課題として引き出し得るかということにある。

遺族の深い悲しみを理解しながらも、決定の持つ社会的な意味と機能について考えることが重要となる。私は、裁判所が公表を前提にできるだけ分かりやすく内容を伝えようとした点、遺族の気持ちを配慮している点などを評価しながらも、とくに三点で課題が残ると考える。

第一は誤解をされがちなアスペルガー症候群について一定の説明が必要であったこと、第二は少年の障害についての理解と母親の子育てを支える社会的仕組みの不充分さにもふれるべきであったこと、第三は繰り返されていた少年の行為から未然防止の可能性にも言及すべきであったことである。

これらのことは決定の限界にかかわることではない。裁判所の認識と判断の問題である。私は裁判所に政策的視点がほしかったと思う。

福祉専攻の大学生と知的障害者の地域支援に携わる専門家に決定を読んでもらった。学生は、母親はどのように接すれば事件は起きなかったのか、なぜ教育方法を変えられなかったのか、小学校と中学校の接し方はどこが違ったのか、この障害は昔からあったのか、父母への指導・助言とは何か、といった疑問を出した。

他方、福祉の専門家は、障害の正しい理解が社会でなされているか、母親はどのような支援を受けてきたのか、親の責任だけの指摘でよいのか、施設は少年をどのように処遇するのか、などの疑問を出した。

(2)　作られる偏見とその修正

二〇〇〇年五月、愛知県豊川市で一六歳の少年が主婦を殺害する事件が発生した。名古屋家裁は、同年一二月少年の症状を「高機能広汎性発達障害あるいはアスペルガー症候群」と判断した。しかし「それが犯罪を誘発する要因ではない」とも付け加えた。

今社会には、凶悪な事件、残虐な事件の犯人とアスペルガー症候群を関連づける傾向がある。誤解は偏見を生み烙印を押し、そして差別・排除の動きを作る。偏見は社会的学習の結果であるが、修正するのもまた学習の成果である。

今回決定を報じた新聞でアスペルガー症候群の定義を掲載したものは少なかった。決定が社会的共有の意味を持つのであればその説明は必要であった。

ある記事は、「発達障害の一種で、相手の気持ちを汲み取る共感性に欠ける。特定のことにこだわる点で自閉症に類似。言葉の遅れや知的なレベルに問題がないことが特徴。ルール違反に厳しく杓子定規に守りすぎて周囲とトラブルを起こす」と説明し、別の記事は「犯罪など反社会的な行動を起こすことはまれで、逆に悪意のある人に付け込まれやすく被害者になりやすいとの指摘もある」と正確に紹介した。

アスペルガー症候群は、障害ととらえられず本人のわがままあるいは親のしつけの問題とされる。この点メディアの正しい報道と学校教育の持つ役割は大きい。

(3) 親の責任

決定は親の養育責任について厳しい見方をした。母親は、少年の行動や不器用さに問題を感じながらも専門家に相談することもなく努力した。それは勉強面での特訓となった。誤った方向での対処であった。孤立した子育てだったのであろう。

親は、子どもの発達を知的な面だけでなく対人関係なども含み全体的にとらえる目を持たなくてはならない。不安があれば専門家に相談し、障害を受け入れる力も持たなくてはならない。同じ障害を持つ親同士の交流に参加することも大切である。そこでは子どもへの見方が柔軟になり心に余裕も生まれる。しかし、それらが生きるには社会的な支援の存在が前提となる。

(4) 学校の対応

中学校では教科担任となり、一人の生徒の全体的な把握が困難となる。また、相手の感情の受け止め方がわからないこの障害はトラブルのもとにもなる。いじめの対象にもなろう。先入観になってはいけないが、その生徒のために小学校から中学校へ情報の伝達がきちんとされる必要がある。

教師に知識と理解がなければ、単に変わった子として押さえ付けるか強く叱るといった対応になろう。それでは生徒はパニックを起こすだけである。親も教師も知的な遅れがなければとくに問題としない。

早期の発見と対応がポイントである。この障害はどちらかといえば集団の中で問題となる。したがって、学校内で診断できる機会や外部専門機関につなげる手立てが必要となってくる。教師が基礎的知識を持ち、専門機関を紹介することも大切となる。

しかし、親は障害という言葉の前で拒否的態度を示す。親の障害受容は容易に進まない。親の心に寄り添いながらも現実的にサポートする対応が教師に求められよう。

(5)　国・自治体の対応策

国・自治体には次のことが求められている。

それは、国民・市民が障害について理解するための機会をつくること、発達障害児についての原因と対応に関する調査・研究の体制をつくること、正確な診断と対応のできる専門家を養成すること、効果的な治療と施策を確立すること、親、教師が利用できる相談支援体制を確立すること、などである。

〔付記〕なお、本件の少年について、長崎家裁は二〇〇四年九月二七日少年審判を開き、強制的措置の一年間延長を認める決定をした。「他者への共感性が乏しく、パニックに陥りやすいことなど、事件の起因となった資質が改善されていない」と判断した（二〇〇四年九月二八日付朝日新聞）。

7 救出論
虐待から子どもを守るために

Q なぜ、子どもの虐待死は繰り返されるのか?

A
- 虐待からの子どもの救出は、まさに危機管理のテーマである。
- システムには、機能しないシステムもあるし、逆機能するシステムもある。
- 子どもの救出を阻む壁は、人間の意識や制度が作ったものである。
- 危機管理の点から子どもの救出を考えると、児童相談所の機能に関し重要な論点が三つある。

はじめに

また悲惨な事件が起こってしまった。大阪・岸和田市の子ども虐待事件である(二〇〇三年一一月、事件が発覚し中学三年生の男子が保護された)。

なぜ子どもを救えなかったのか。立ちはだかったいくつもの壁が論議された。もっとも多く指摘されたのは児童相談所（以下児相という）の対応の問題であったが、学校の家庭訪問のあり方も問われた。児相と学校との連携も指摘された。しかし、子どもを救出できない、あるいは遅れてしまう事件が繰り返し起こるということは、もっと根本的な議論が求められているのではないだろうか。

1　虐待から子どもを救えない意識と構造がある

子どもの虐待事件が起こると、社会はその怒りをどこかにぶつけようとする。それは当然親に向かうが、同時に関係機関にも向かう。とくに子どもを救えなかった場合、関係機関に対する非難は厳しい。こうすべきであったという結果論がさまざまに展開される。

だが、しばらくすると怒りの感情は鎮静化し議論は終息する。論議がどこまで深まり、改善につながったのかよくわからない。

死につながるような虐待事件において、何が問題であったのかの検証はむろん必要であるが、もっと根本的には、緊急な事態に踏み込めない、あるいは踏み込まないわが国の危機意識のあり方についてもとらえておく必要があるように思う。

むしろ私には、それが基底的な課題としてあり、その上に多くの問題が生み出されているように思える。

わが国は、残念ながら緊急な状況から子どもを救えない意識と構造を持ってしまっているのではないのだろうか。

もちろん厳しい局面でも的確な判断により子どもを救出した例はある。しかし、それも特殊例外としてしまう意識がある。虐待からの救出はまさに危機管理のテーマである。福祉論や教育論では見えてこない点が多い。

危機管理の専門家は、常々日本人は緊急な局面でも課題を先送りし、その結果後手に回り、悲惨な結果を招くと指摘している。

また、私たちはシステムと聞くと、それが課題を解決してくれるかのように思ってしまう。つまり機能することだけを期待するのである。だが、システムとは、もともと仕組みや制度を意味する言葉であり、機能するものだけを言うのではない。機能しないシステムもあるし、逆機能するシステムもある。つまり動きを止める動きである。あるいは動かないという動きである。

子どもの虐待をめぐり、これだけ手遅れの事件が起こってくると、そこには個々別々の問題もさることながら、わが国の社会に緊急時動けない意識と構造ができてしまっていると見る方が正しいように思う。

関係機関、関係者が気づいていても動けない、あるいは動かない、動いたとしても適切ではないという事態が積み重なって、結果的には生命にかかわる重大な事態となる。それは構造的に生まれた危機であり、死につながればいわば構造的な虐待死とでも言えるものであろう。

そして救えない虐待死は、動けないシステムから生まれるいわばシステムによる死とでも言えるものであろう。

2　子どもの側から介入と救出を阻む壁を点検する

虐待への危機介入と子どもの救出を阻む壁については、子どもの側に立って本質的な論議をする必要がある。つまり、真に弱者は誰かを問うことである。壁は人間の意識や制度が作ったものである。壁とは、結果に対し重大かつ決定的な原因となるものを言う。

それでは、どのような壁があるのだろうか。

［家庭の壁］

まず何といっても家庭の壁である。親はどんなにひどい虐待をしていても、しつけだから、うちのやり方に口を出さないでくれと言う。近隣住民はしつけと言われると口を出しにくい。子どもも本当のことを言わない。家庭という密室の中で事実は隠され歪められる。恐怖による支配の問題もある。密室の中で繰り返される暴力によって子どもの心は萎縮する。今回の事件でも少年は逃げることをあきらめてしまった。社会には中学生だから逃げられたはずという思い込みがある。

子ども虐待では、親は自らを守り、子どもも本当のことを言わない。これこそが虐待問題の出発点である。家庭の壁には、わが国にある子ども私物化意識、体罰を厳しいしつけとする意識もある。法律上の親権も親の権限に偏り過ぎて、介入と救出を阻む。

［地域の壁］

地域住民にも意識の壁がある。気軽に通告をといっても、気軽さと通告の間には距離がある。よその家のことだから、後で密告者探しが行われるといやだからと思ってしまう。通告は法律用語であり、一般人の日常感覚では相談の意でありずれがある。

弱い存在にある子どもの側に立てるよう大人の意識改革が求められている。結果的に虐待の事実がなくとも、通告をよしとする社会意識も形成されなくてはならない。

〔専門機関の壁〕

専門機関にも壁がある。児相では、親との関係調整に重点を置くケースワークが時には壁となる。親の側に寄り過ぎるからである。

今一つは、親に拒否されると立ち入りができない制度の壁がある。職員を及び腰と批判するだけでは解決しない。法にも守られず、うまくいって当たり前、もし問題が起これば責任が問われるというのでは職員も動けない。個人の力量だけに帰さない制度が不可欠である。

警察にも、近年はストーカー規制法、配偶者暴力防止法・被害者保護法（いわゆるＤＶ防止法）などの積極的な動きがあるが、意識の上ではなお民事不介入の壁がある。

〔学校の壁〕

学校では保護者との関係形成を重視するため、それが介入の壁になる。学校の対応に勇気をという声は大きいが、親からの強い抗議があれば躊躇してしまう。その後の訪問がやりにくくなるからである。

今回の事件では、報道によると、学校は「虐待と判断する材料に乏しかった」「万が一の可能性としてそれもあり得るということで話した」「違っていたら、保護者との関係修復が難しくなる」と語った。

他方、児相は「言い方も確証のないものであった」「学校としても虐待の疑いを持っているというように話してくれたら、我々も虐待という認識を持ったと思う」と話す。結局、児相は学校の控え目な言い方に「通告」と受け止めなかった。そこでは、「疑い」と「確証」と「通告」という言葉を挟んで伝えた伝わらないの水掛け論になるおそれがある。

虐待に対し学校は、親への非難や指導ではなく、保護者との関係作りに力点を置く。親の話に耳を傾け、場合によっては関係機関につなぐ。しかし、虐待を疑わせるような親の場合は家庭訪問を警戒するだろうし拒否するだろう。現に今度の事件では親の強い抗議に学校は戸惑った。

家庭訪問をした担任教師は、「壁一枚向こうの教え子に会えない」「ドアの裏でつらい目にあっていたのかと思うと胸が張り裂けそうだ」と語っている。学校は疑いでいいからきちんと伝え、児相はその事実をきちんと受け止める。

3　介入と救出は危機管理から考える

危機管理の点から子どもの救出を考えると、次の三点を論じる必要がある。

第一は、やはり児童相談所の機能に関してである。介入と救出については限界があるといわれる。確かに児相に強制力はない（児童虐待防止法九条参照。今後この点の改革は進まなくてはならないし、進むであろう）。

だが、その場合であっても、児相の存在と役割を機能的にしっかりとらえておくことが不可欠である。その際展開すべきは限界論ではなく機能論である。

児相は子どもの虐待問題において中心の役割を担う。中心とは問題を抱え込むことではない。機能的な視点から、問題に即し連携を見渡し適確な判断を下し、関係機関と分業し協業することである。

子どもの虐待に関わる各機関は、それぞれの性格と役割から固有な力を有している。それらは、虐待問題をめぐり子どもと親に対して、予防、発見、救出、分離、保護、支援、治療などさまざまな力となる。

児相と養護施設は福祉の力・カウンセリングの力、保育所は子育て力、学校は教育力、警察は捜査・逮捕力、消防は救急救命力、保健所は子育て支援力、医療は救命と治療力、裁判所は法律の力である。緊急時の拘束力は警察にある（裁判所の法律判断も強い国家の力であるが時間がかかる）。それらを的確に活用するのが連携である。

分業は、児相の役割を軽減したり権限を分散するものではない。児相を要にして、子どもの救出のため各機関の固有性が発揮されたとき、分業と協業は成立する。

第二は、前述のこととかかわる児相における虐待問題の位置付けである。増え続ける虐待相談に、児相は虐待問題だけを扱っているのではないと悲鳴を上げる。確かに児相が扱う児童の問題は多岐にわたる。

だが、私はそれでも虐待は特別重要と考える。なぜなら、虐待は多くの子どもの問題の背景にあり、ネグレクトなど精神的な問題も含み、さらに適切な対応がなされなかった場合成長と共にさまざまな問題を発生させるからである。児相の仕事の中心に、明確に虐待対応が置かれるよう構造的改革が必要である。したがって、児相の増設と職員の増員は言うまでもない。

第三は、中断論の考え方である。すなわち、危機介入と救出の局面では、福祉や教育のかかわりが一時停止するというものである。前述したように虐待にかかわる機関は多様であるが、それらを危機的局面からとらえると、機動性（権限と装備と専門的な力）は明らかに警察力にある。警察は武器も技術も持ち訓練もしている。人間の内面に働きかける福祉や教育はそこから最も遠いところにある。

子どもの虐待は福祉や教育の課題であっても、家庭への介入と子どもの救出という厳しい局面においては福祉・教育の出番ではない。それは、親との交渉（ネゴシエイション）の場面でありレスキューの場面である。

救出の場面はいわば異常事態である。緊急時は通常の対応が一時的に停止すると考えるべきであろう。救出後、また福祉・教育の対応が動き出せばよい。

緊急時の介入と救出に限定すれば、法律上（児童虐待防止法一〇条）警察は「援助」であるが実質的には主体である。児相に強い権限を与えることも重要ではあるが、本来の機動性を持つ機関がきちんと稼働することが危機管理なのである。さもなければ、独自のレスキューチームが創設されるべきであろう。

8 原因論
なぜ犯罪は起こるのか

Q 犯罪学は、事件の要因をどのようにとらえるのか？

A
- いくつかの要因が犯罪の発生に作用したとしても、それらを個別に説明することではとらえられない。要因を分解することは、かえって犯罪を見えなくする。犯罪は、「要因の総和以上の現象」である。
- 犯罪に関する諸要因を遠因と近因に分け、近因の内何を原因とするかは当該学問の価値的な評価と解釈にもよる。

はじめに

佐世保の小学生女児による同級生殺害事件（二〇〇四年六月一日）は、子どもたちはもちろん、同じ年頃の子を持つ親、教育関係者に大きな衝撃を与えた。報道されるにつれ、ますます「なぜ？」という思いが強くなる。原因をどのようにとらえたらよいのか、大人・社会の困惑がある。

この事件に関連して電子メディアの問題性を指摘する人もいる。また、現代という時代が生んだ事件であるという声もある。そもそも犯罪に関する学問は、時代と犯罪、犯罪と原因をどのように理解しているのだろうか。

1　「時代だから」という言葉

最近気になっている言葉の表現がある。「そういう時代だから」という言い方である。例えば、増え続ける若者たちのフリーターについて「そういう時代なんだ」と言い、小学生が持つ携帯電話についても「そういう時代だから」と言う。

現場の教師と話していてもこの言葉に出会う。つまり、今の子どもたちのさまざまな行動に困惑している教師が、「そういう時代になったんでしょうね」と自らに言い聞かせるように言うのである。

その時はあまり気にならずにいたが、何回か同じような言葉を聞くと、時代とは何なんだろうと気になりだした。

もしかしたら私たちは、時代という「大きな」言葉を使うことで、問題の理解と対応の難しさを自らに納得させているのではないだろうか。つまり、理解しがたい社会の現象や子どもたちの問題に直面して、いわば時代を理由・原因とすることで仕方がないのだと自分自身に言い聞かせているのではないだろうか。そこにはあきらめの気持ちがある。

だが、若者意識の変化の結果のようにいわれるフリーターの増加も、その背景には就職したくてもできない現実がある。それは時代のせいではなく、国の雇用政策であり、政治の問題である。

少子化も今どきの若い夫婦の意識の問題ではない。調査結果に見られるように、子どもを持ちたいと思っていても安心して生み育てられる環境・条件がないのである。

これらは、実は重要な課題を提起している。つまり、時代を理由・原因とすることであきらめるのか、それとも時代を作っているものを探り、取り組みの課題とするのか、ということである。

時代という言葉は、分析の対象であると同時に、そこに起こるさまざまな問題への対応についても社会の姿勢を問うている。

2 時代は犯罪・非行の原因か

(1) 親の力が届かない

時代は一定の時間の区切りではなく、その中に特徴を持っている。だから世相とも言う。犯罪は時代を映すと言われ、世相を映すとも言われる。世相は時代のあり様であり、正確にはその時代における社会の特質の様《さま》である。

したがって、大切なのは犯罪・非行が時代の何を映すのか、社会の何を反射しているのかを問うことである。

佐世保の事件が報道された際、小学生のインターネット利用に関して、社会の反響の中で考えさせられたのは、今子育てをしている親の親の世代、つまり五〇代、六〇代の人が「今の時代の親の子育ては大変だ」と同情していたことである（逆に言えば「私たちは昔子育てできてよかった」ということであろうか）。

それは、今の子どもたちを取り巻く情報環境と親のかかわりのことを言っている。子どもの養育について、親は確かに第一次的責任を負っている。しかし今日の社会では、親が理解できない、介入できないインターネットやケータイという電子メディアが直接子どもの世界に入ってきている。つまり、家庭環境よりも情報環境の方が子どもたちに大きな力を持っているのである。

(2)　一九七五年と一九九七年と子どもの育ち

出典が明らかでなく申し訳ないが、子どもにかかわる問題は、一九七五年ごろにさかのぼってみると見えてくるという理解があり、考えさせられた。

確かそれが意味していたのは、そのころわが国では耐久消費財（電気冷蔵庫・洗濯機・掃除機など）の普及率が九〇％を超え、子どもたちは豊かさを当たり前として生まれ育つことになったということである。

そして、その結果個人主義的な傾向が生まれ浸透し、「私化する」意識と行動が八〇年代九〇年代の子どもたちの問題行動とつながったとされる。

私は、さらにそれは子どもの問題にとどまらず、彼らが親になった時の問題ともつながったと思う。つまり、今の子どもたちのさまざまな問題には親世代の問題が背景にあると見ることができる。

この点からすれば、子育て中の親世代がどういう時代に育ったのか、何がその時代の価値であったのかは重要である。時代を結果の直接の原因にすることはできないとしても、基底的要因として大きな影響を持っていることは確かである。

長い時間をかけた事実の集積が、負の要因として時代のつけになり、後に結果として回ってくる。子どもたちが育つ上で影響を受けたつけをどのように考えればよいのだろうか。あの時こうしていたらよかったのにと嘆いていても仕方がない。

人間にかかわる因果関係は自然科学のように明確ではないにしても、蓋然性の高い関係があるとすれば、その因果関係を根拠に対応策に反映させなくてはならない。

一九九七年、わが国のインターネット利用者は一、一〇〇万人を超えた。この時代の子どもたちにとって、電子メディアは最も身近で便利なツールである。この傾向はこれからますます強まっていくであろう。

今問題になっている情報環境の負の面が、明らかに子どもの成長発達に影響を与えているのであれば、たとえ時間がかかっても、根本的な対応策として、子どもたちに危険情報を知らせ、危機対処の力を育て、対面コミュニケーションのスキルを獲得させ、自然体験など直接体験を充分にさせるという方策が地道に実践されるべきである。

対面関係における表情・しぐさ、言葉などを伝達する力を獲得せず、最初から最も進んだ機器に行くことは問題が多い。対面、手紙、電話、ファックス、ケータイ、メール、チャットという情報伝達の手段の発展と共に、子どもたちの意思伝達の能力の獲得過程を階段的に発展させる工夫が必要である。

端的にいえば、大いに対話をさせ、自筆の手紙を書く機会を作り、そしてインターネットのチャットも使うのである。生身の関係は機械上の関係を吟味させる力となる。ツールの進歩が能力を退化させるのは発展ではない。

3　犯罪原因論をどう理解するか

(1)　原因は結果にかかわる価値評価

社会を震撼させるような事件が起こると、当然私たちは不安になる。とくに子どもが起こす事件ではいっそう大きい。そこで私たちが行なう精神の働きは、なぜ起きたのか、何が理由なのかという原因を探し出し納得することである。それは、事件を客観的にとらえようとするよりも、大人たちが納得し安心するための作業である。

それでは、学問（犯罪学）はどのように犯罪・非行の原因を説明しているのか、簡単にみておこう。

犯罪に関する学問は、一九世紀の半ばにイタリアから始まりフランスで発展した。当時犯罪の理解は病気を治す医療のように考えられてきた。原因を追究し特定し、それに対する対応を行なえば、犯罪は防げると考えたのである。そのため犯罪者の生物学的、精神医学的、心理学的、社会学的な原因が追究されるところとなった。

そして、その結果に基づき、刑務所・少年院などの施設で処遇が実践された。しかし、残念ながら犯罪を大幅に減少させるという事態に至っていない。

私たちはこれをどう理解したらよいのだろうか。人間行動科学は進歩したが、犯罪発生のメカニズムを解明してはいない。いくつかの要因が犯罪の発生に作用したとしても、それらを個別に説明することではとらえられない。要因を分解することは、かえって犯罪を見えなくする。

「犯罪は個々の単純な足し算ではなく、いくつもの要因が複雑に絡み合い、相互作用の中で増幅された結果である。言い換えれば、一つの犯罪は、それを引き起こした複数の要因の総和以上の現象となって現れるのである」（瀬川晃『犯罪学』成文堂参照）ということである。
これは、分解と統合、個別ケースの研究と全体的な総合評価が不可欠ということである。
「交通渋滞の原因はカルガモ親子の道路の横断である」と言えば、その因果関係は見れば明らかである。だが、年間三万人を超える自殺者の原因、増え続ける主婦のアルコール依存の原因、教育の荒廃の原因という課題となると、その特定は難しい。

人間の心理と行動の因果関係は、自然科学、物理の世界のように因果関係は明確ではない。人間が宇宙で作業をする時代になっても人間の心の宇宙はわからないことが多い。

犯罪に関する諸要因を遠因と近因に分け、近因の内何を原因とするかは当該学問の価値的な評価と解釈にもよる。つまり原因は、犯罪・非行の結果に対し、きわめて強い要因として作用したという価値づけである。しかもそれは一つとは限らない。原因は複合化し相乗化しているのである。

(2) 原因論と私たち

犯罪事件のすべてを理解することは困難である。精神鑑定がすべてを明らかにするわけでもない。かえって安易な病名の診断は問題である。事件の全容を人間行動の諸科学の成果に基づいて知ることは大きい。原因と結果の因果関係がかなり相当であれば原因と考えることができる。

歴史的には、原因を追究しても犯罪が減らないため犯罪原因論不要論も登場した。原因論は政策・施策と結びつき、そして実行されて意味を持つ。しかも犯罪・非行の減少という厳しい査定を受ける。

しかし、原因論の有用性は、犯罪・非行の予防における社会政策・刑事政策の立案と実行だけではない。私たち一人ひとりが生活の中で自分の行為が他者に影響を持つ際点検し改善するという点にも生きている。

第3章　学校に新しい力を

Ⅰ　学校の自己完結性を超えて

１　連携論　学校教育におけるネットワーク文化の創造のために

Q　学校は、どうすれば外部の機関と連携ができるのだろうか？

A
- ネットワークを機能させるためには、日頃から顔の見える関係がきわめて重要である。
- 学校の連携が真に実質化するためには、五つの要素が求められている。
- 連携、ネットワークは生きものであり、使いながら、点検・工夫し強化するものである。

はじめに

危機に対処するには連携の力が不可欠と言われる。ところが、学校は連携があまりうまくないとも言われる。連携の声が大きくなるにつれて、教師の困惑も大きくなっているのが実情である。

連携の必要性は、多くの人が口にしながら、その内容となると具体的ではない。自分に連携力はあるのか、職場全体に連携力はどの程度あるのか、一度連携とは何かについて、基本から考えてみることも教育における危機対処力の点検ではないだろうか。

1　危機管理と連携――スローガンとしての連携

どのような分野であれ、問題が起こり、解決が容易でない時、「連携が大事」と言われる。連携は、「個人や、ある機関が、自らの力で問題を解決することが困難な場合、互いに力を合わせて解決を図ること」であり、危機の克服に不可欠なものである。ところが、現実には、きちんと機能し実効性のある連携がなされないことが多い。なぜなのだろうか。

考えてみると、連携という言葉は不思議である。誰もが必要と認めながら、その内容は深めることをしない。どちらかと言えば、連携は結語、スローガンとして使われているようである。しかし、それはもともと問題解決に向けた始まりの言葉、実践の言葉である。

連携が危機克服の力となるのか、あるいは反対に力の分散、責任の転嫁、「連帯無責任」となるかは、中身の理解と危機対応の力をどのように形成するかにかかっている。

2　学校における連携阻害の要因

前述のことは、学校教育においても当てはまる。教師は、スローガン化される連携の前で悩んでいる。現場でどんな実践ができ、どのような行動をとればよいのか。意思の疎通が不充分なため、力の形成には至っていない。

それでは、どうすれば機能する連携になるのだろうか。

学校は、通常、教師間の「内の連携」と保護者や地域（とくに最近は「総合的な学習の時間」との関係で地域からの支援など）、関係機関（生徒の問題行動など）との「外の連携」を求められている。

ここでは、とくに関係機関とのかかわりを念頭に置きながら、そもそも連携とは何かについて考えてみる。

私は、もっとも大切なことは学校（組織）と教師の連携能力・連携条件をつくり上げることであると考えている。

学校教育は、熱心さと責任感に基づく「自分のところで解決しなくてはならないという教室内・学校内解決優先意識」と「問題を外に出したくないことによる抱え込み意識」を持ち合わせている。その一方で、学校で対応しきれないような困難に陥った際には、「外部機関に全面委託をするおまかせ態度」を生むという、両極端な構造も持っている。そうなってしまう背景の一つには、保護者や地域に「学校万能観」や「期待感」が強く残っていることがあると考えられる（ネットワーク・マインド論参照）。

有効な連携を果たすために、教師はまず学校固有の役割をみきわめ、外部機関の役割やルールを正確に知ること、「外部の力を借りる力」を持つことが欠かせない。当然、決断力を持つことも重要である。

これからの教師は、硬直した責任主義から柔らかい連帯主義へと思考と行動を転換する必要がある。そして、それを生徒や保護者、地域に理解されるようにすることが大切である。

教師が責任感にかられて何にでも取り組むのは危険である。最初から改善の試みをあきらめて、他人まかせするのは失格であるが、問題が複雑な時、その性質を正確に読み取り、全体を俯瞰して、迅速に関係者・機関との連絡を取り持つことが、専門職である教師の力量であろう。

3　ネットワーキングかネットダイイングか

連携をうまく活かせるためにはネットワークが必要である。問題が多様化・複雑化すれば、当然その対応も多様な力が求められる。

ネットワークは、医療や福祉の世界では欠かせないものであり、高齢者福祉、児童の虐待防止においても、地域のネットワークづくりが進められている。行政も庁内におけるネットワークをつくっている。

ネットワークとは「関係する力」を包摂した用語である。しかし、実際には、ケースに応じて、その中の部分的な機能が連結し作動する。連携時は、いわば関係者の点が線に、線が面になり、やがて立体化して機能するというものである。用意された図面上のネットワークが、問題発生と同時にオートマティクに動くわけではない。

ネットワークにおいて動くのは人である。

どんなに情報化が進んでも原点は人である。人と人が有効に機能した時に、線のネットがワーク（機能）したと言える。機能させるためには、日頃から顔の見える関係、フェイス・トゥ・フェイスの信頼関係をつくっておくことがきわめて重要になってくる。

さらに、ネットワークは、その状態によって大きく二つに分けることができる。

①生きているネットワーク

実際にネットが生きて機能（working）しているものを指す。関係者が問題を共感・共有し合あい、対等の関係で主体的につくり上げているものである。いわば、ボトムアップのネットワークである。

初めから完成されたネットなどはあり得ない。常に個別のケースに対応しながら、ネットを広げ、強く太くしていく。

②形だけのネットワーク

関係者・機関の長が顔をそろえて、トップダウン方式でネットを構築すると、形だけの機能しないネットになりがちである。悪く言えば、アリバイとしてのネットワークになってしまう。問題が起こると、関係者は「ネットワークはあるんですが…」と言うが、これでは死につつある（dying）ネットである。

4　連携が実質的に機能するために

それでは、学校の連携が真に実質化するために何が求められているのであろうか。いくつかの要点（これらは他の分野にも共通する）をまとめてみよう。

第一は、連携の基軸に生徒（たち）の学習権と成長発達権の保障を置くということである。そして、個別具体的に「その生徒にとって何が最もよいことなのか（最善の利益）」を追求することである。

第二は、外部との対等な関係を築くことである。学校は、もちろん生徒の育成に携わる中心的な存在であるが、連携する際は外部と対等な関係にならなくてはならない。教育関係者の「自分たちが教育を担っている」という自負と態度が、時として外部の人には傲慢に映ることがある。

生徒が育つには何が必要で、どうやって力を組み合わせればよいのか。関係者・機関は発達を支えるパートナーであることを常に確認しなくてはならない。

第三は、学校に各機関とのつなぎ役をおくことである。問題が発生した際に、その性質を素早く読み取り、全体を見極め、的確に分析し、情報を整理・提供し、関係者をつなぐ人物が必要となる。

しかし、この役割を教師だけが担うのは困難であろう。生徒の問題行動の中には、複雑なケースがたくさんあるからである。それは、スクールソーシャルワーカーや教育弁護士（スクールロイヤー）が担うのがふさわしい。

第四は、関係者の連携能力の形成である。連携能力とは、自己の役割について、謙虚に限界を見極める勇気を持つことや、各機関が相互に他機関についての基礎的知識を持つこと、どのように連携するべきか共通の認識を持つことなどである。

関係者が互いに自己のポジションから一歩、あるいは半歩でも出て行動することも大事である。自分を変えずに、他者の助力に依存するばかりでは、有効な連携は生まれない。

第五は、関係者によるケース学習である。ケース検討は、責任の追求、個人の能力の査定ではない。何がネットをデス（無機能）の状態にしたのか、しているのか。どうしたらネットは生きていくのかを率直に点検し、創造することである。元気の出る、前向きなケース検討にしうる雰囲気づくりと論理が大切になってくる。

おわりに

連携、ネットワークは生きものであり、使いながら、点検・工夫をし、強化するものである。学校教育においては、生徒の学習と成長発達を支える「学校支援のネットワーク文化」をいかに創造し、強固なものにしていくかが問われている。学校のネットワークは、それ自体を危機対処の教育文化とする必要があり、教員文化に変えていかなければならないのである。

2　ネットワーク・マインド論　つなぐ・つながる心と力のすすめ

Q　学校が外部の機関と効果的に連携するにはどういう力が必要か?

A
- 連携がうまくいくには、つなぎ役となる人の存在が大きい。
- システムを動かすのは人である。専門家とはいえつながれない人、連携を阻害してしまう人がいる。
- 連携を促進するためには、連携の心・態度・力というべきネットワーク・マインドが大切である。

はじめに

生徒の問題が複雑になっているため、学校だけで対応し解決することは困難となっている。当然外部機関との連携が必要となる。だが、連携のためのネットワークはできているにもかかわらず、なかなか機能しないという。

実態を見ると、連携がうまくいくためには、関係者に「つながる心と力」があることがかぎのようである。これは、分野を問わずネットワークの課題である。

ここでは、連携の共通のテーマとして「ネットワーク・マインド」を取り上げよう。

１　外来語から日本語へ

(1)　「ボランティア」は何語か

当たり前と思っていたことについて尋ねられ、あらためて考えてみると意外な発見がある。

高校生のためのボランティアセミナーで、ある女子生徒から、「ボランティア」は何語なんですかと聞かれた。私は一瞬考えて、日本語と答えた。とてもよい質問だと思った。

ボランティアはもともとは外来語として入ってきたが、当時それに見合う日本語がなく便利なカタカナで表記した。だが、今や日本語となった。それは、そういう文化が日本でも育ったからだと補足した。つまり、ボランティアの語源にあるように一人ひとりが自分の自由な意思から、他者や社会のために活動するという文化が広まったということである。

それでは、正確に言えば、いつから日本語となったのかということになろう。これは、ボランティアの歴史とかかわるが、ボランティア元年といわれた阪神淡路大震災以降ますます日本語になってきたと言えよう。

今思えば、セミナーではさらにボランティアは世界共通語でもあると付け加えればよかった。

(2)　連携と外来語

ところで、「連携」にかかわる言葉にも横文字が多い。なぜだろうか。

思い付くまま挙げてみても、ネットワーク、コーディネーション、コーディネーター、パートナーシップ、タイアップ、コンビネーション、コラボレーションなどがある。

今、外来語の氾濫の中で、分かりやすさを求め、できるだけ日本語にしようということが行われている。そこには、横文字を使うことで、ことさらに新しさを伝えようとしたり、どこか進歩的という印象だけで使っていないかという反省もある。

しかし、私たちは同時に言葉は文化と歴史の問題であることを知っている。「連携」にかかわる言葉に外来語が多く、それに見合うぴったりした日本語がなかなかないということは文化の問題でもある。

端的に言えば、欧米では民主主義を原理に、市民社会において横の関係性がつくられてきた。他方、わが国では伝統的に官を主導に上からの命令で動く面が強かったということであろう。

ところが、今日ではわが国でも横の連帯という関係性の成果が生まれている。これからは、対象が何であれ、ますます各関係機関の横のつながりが重要となろう。また、そのための考え方、適切な担当者の配置、力量の形成が求められよう。

2　自己完結意識からネットワーク力へ

(1)　つなぐ人のつながる力

大阪・岸和田市で起こった少年への虐待事件は、教育・福祉・司法の関係者に大きな衝撃をもたらし、あらためて連携にかかわる課題を提起した。

連携は、各機関の限界性から主張されているのではない。問題の性質上、他の機関の力の方が対応するのにふさわしい場合があるし、協働して行うことが問題の現実的な解決になるし、何よりもそれが本人の利益に適うからである。

連携は、機能すれば総和以上の力を発揮するが、機能しなければ関係者の無力感やネットワークの形骸化に結びつく。

連携がうまくいくにはつなぎ役となる人の存在が大きい。その関係調整機能（コーディネーション）を担うのが、通常コーディネーター（coordinator）といわれる人である。しかし、それは新しい役割なのだろうか。すでにさまざまな現場で、気配りと目配りができ行動力を持つ人がつなぎ役として活躍している。私は、そういうつながる力を持つ人にコーディネーターになってほしいと思う。なぜなら、わが国ではまだまだ人次第で事が運び、あるいは逆に停滞するからである。

(2)　緊急時のネットワーク活用

機能面からすると、ネットワークには緊急時と平常時がある。平常時は、各関係者の心にも余裕があるし、問題を分析するにも時間がある。

難しいのは、虐待や非行など緊急時におけるネットワークの活用、連携である。学校が問題状況を分析しながら、どことどのように連携するかを判断するには、的確につながる力が求められる。

実は学校はこれがあまり得意ではない。時には連携の時機を逸し、より悪い結果を招くことがある。それは、学校には常に慎重さが求められることと、学校・教師に外の力を借りるのは教育の敗北であるという意識があるからである。それは見方によっては、一つの責任感であるかもしれないが、生徒にとってはいっそうの問題の深刻化をもたらし不利益となる。

だが、これには父母や住民が学校に対し持っている「学校の自己完結性や万能観」が強く影響していることを私たちは知らなくてはならない。連携のためには、教師の意識改革も必要であるが、父母・住民の意識改革も必要である。

(3)　原則を作る

ネットワークの実力は、もちろんケースに応じてどう機能するかであるが、それがどのようなつくられ方をしたかも大きい。

各関係者が子どもへの思いを持ち、動くネットワークをめざし、議論し学習し理解し合意を形成し創出したか。そうであれば、人の異動があっても創設時の考えが一つの文化として伝わる。ネットワークが迅速に動くためには原則をつくることも重要である。それらを原点に確認し合うのである。同時に、緊急時には柔軟な判断ができるようにしておくことも不可欠である。

動くネットワークのための原則を三つ上げよう（連携論参照）。

まず目的と役割の原則である。何のためのネットワークか、中心には常に「その子にとって最も善いことは何か」（子どもの権利条約第三条）を置く。

次に対等性の原則である。各機関は、官であろうと民であろうとパートナーシップに貫かれなくてはならない。

そして、点検と評価の原則である。具体的ケースにおいて、何が機能したのか、阻害したのかという事実を共有財産とする。

3　「あの人だから」から「この人も」へ

(1)　人とシステム

私たちは、組織全体の力を上げるためには仕組み・システムをつくることが必要と考え、その構築に努力する。それがあれば、どのような人が異動しようと相応の質の高いサービスを提供できると考えるからである。

ところが、実際に作動してみると、人によりそのシステムの発揮する力には差が生じてくる。つまり、システムを動かすのは人であるという事実に突き当たる。

教育であれ福祉であれ、現場の人たちと話をしていると、連携図、マニュアルも大切だが、やはり実際の場面になると人の力が大きいという。専門家とはいえつながれない人、連携を阻害してしまう人がいる。

私たちは、システムをつくると安心してしまうところがある。システムは、確かに問題の発生に対し、迅速に組織的に対応できるものではあるが、さらにそれが円滑に機能するのは人の力による。

よく現場では「あの人だから」という言葉を聞く。例えば、「あの人だからうまくつながる」「あの人の持ってきた情報だから信頼できる」「あの人がいうことだから何かある」というように。

ここには二つ大切なことがある。一つは、連携の質を高めるために「あの人だから」のもつ特性を分析することである。そうでなければ、対応は特殊なものとなってしまう。その人だからできたということになり、いわばスーパマン待望論になる。大切なのは、「この人も」の可能性を実現することである。

今一つは、適材な人の配置が求められるということである。システムを動かすのが人なら、その人の力を見抜くのもまた人である。したがって、人事にかかわる人の「眼力」の果たす役割と責任は大きい。

(2) ネットワーク・マインドとは何か

それでは、連携を促進するためには、つなぐ・つながることにおいて、実際にどのような力が求められるのだろうか。

①熱意と確信である。熱意を表に出す人と秘めている人がいるが、大切なのは子どもへの思いを持ち続け、その子にとって何が最善かを冷静に考え、そのためにこそネットワークが必要と判断できることである。

②謙虚さである。自らの役割の固有性と限界性を知ることである。

③対等性である。他の機関に対し命令的な言動は慎まなくてはならない。

④聴く心である。相手の立場を理解しながら、共に取り組もうという姿勢を持ち、その際どういう言葉を選ぶかも大きい。

⑤知識である。他の機関の性格と役割について、一定の知識を持っていることである。

⑥学習力である。実際に起こったさまざまなケースから学び教訓化できる思考と論理である。事例の検討は個人への非難ではなく、問題点の抽出と共有化である。

これらは、まとめてみると連携の心・態度・力というべきものであり、わが国の教育や福祉などの現場で大切にしているカウンセリング・マインドと同じように、ネットワーク・マインドと言ってもよいと思う。

おわりに――コーディネーターが日本語になる日

これからは、人とつながる力が弱いといわれる若い世代が現場をまかされる時代になる。そして連携もいっそう重要となる。動くネットワークのために、適材適所の人事、能力の育成、適切な研修がますます要請されている。

ここでは、システムよりも人の力の面を強調し過ぎたかもしれない。しかし、コーディネーターという役割ほど人の要素が生きるポジションもまたない。

有能なコーディネーターが活躍する時、冒頭のボランティアと同じくコーディネーターという外来語も日本語になっていくだろう。

2　新しい生徒指導を求めて

1　協働論　総合的な生徒指導

Q　新しい生徒指導として、どのような力が求められているのだろうか?

A
- これからの生徒指導は、総合的な力による協働化であろう。
- 生徒の自分づくりを支えるにはソーシャルワークが必要であり、生徒の「変わりたい心」を「変わる力」にするには社会的なサポートが不可欠である。
- カウンセリングマインド、リーガルマインド、ソーシャルワークの協働は、すでに家庭裁判所の実践にみることができる。

はじめに

生徒指導には、カウンセリングマインドとリーガルマインドとの協働が不可欠である。さらに、生徒が育つには社会の資源を活用するソーシャルワークの力が必要である。ここでは、それら三者が支える生徒指導について考えてみたい。

1　マインド好きな日本人？

ずっと気になっていたことがある。カウンセリングマインドもリーガルマインドも共に和製英語であるということである。

ネイティブの英語教員に聞くと、カウンセリングマインドは heart of the counselor、counselor's disposition であり、リーガルマインドは legal thinking であろうという。

日本人はマインド好きのようである。確かに欧米人から見るとそうであろう。しかし、考えてみると欧米にはキリスト教があり、生き方、生活に根づいている。日本人が他者を尊重し、課題に誠実に向き合うとすれば、その態度にはマインドという言葉が合う。

カウンセリングマインドは、クライアント（来談者）を理解しようとするカウンセラーの態度・心を表す。リーガルマインドは、実体は法的思考のことであるが、法律心・法律見識ともいわれている。

日本人は、人や物事に誠実に対応しようとする時マインドを使い、その心を表すのである。

2　高校生心のサポートシステム――手応え、承認、自分発見

兵庫県の「高校生心のサポートシステム実践・研究会」に招かれた。新しい生徒指導を模索していて刺激を受けた。

生徒たちの心の理解、社会性の育成、生き方の主体的な探求をねらいとしていて、問題行動

を起こした生徒の心の変化に焦点をあてたさまざまな取り組みがなされている。

例えば、勤労体験による自己発見をめざした実践がある。「知的障害者の自立を支援するパン工場で働く。自分の作ったパンが製品として陳列された喜び、一心不乱に粉を練る障害者の姿に甘い自分が写し出された」との報告がある。ここには自分を見つめる他者との関係がある。人との出会いはすなわち自分との出会いである。

自宅謹慎を止め学校謹慎とし、自己変化への働きかけを行っている。問題行動を言葉で指摘するだけでは変わらない。行動は心の表出である。問題行動を起こす心は他者とのかかわり、具体的な役割と手応えから変容する。

また、物づくり、生物の世話などに取り組む。消費生活の中にいる今の生徒たちが主体的な生産に加わる意味は大きい。そして、行動や作品に共感し、価値を共有してくれる人がいることは大きい。

さらに、看護職の母親の職場で実習体験をする。「家にいる時とは別人のように」働く親の姿を見て、次第に生活も落ち着き、進路目標を持つようになる。

私は、これらの実践にはカウンセリングマインド、リーガルマインド、ソーシャルワークの協働があると考える。別の言葉で言えば、生徒の成長発達を支える心理と法律と福祉の協働による生徒指導の模索である。

3　生徒たちは出会いを求めている

兵庫の実践は、生徒たちが多様な出会いを求めているということを教えている。わが国の学校は、部活を含め子どもの生活のほとんどを担ってきた。親も学校にいれば安心とおまかせしてきた。その意識は基本的に今でも変わらない。

だが、生徒の生活は社会の変化の中で多面的になった。学校の教育力が必ずしも伝わらなくなったのである。

生徒たちが求めている出会いとは、もちろん人との出会い、出来事・異文化との出会いであるが、結局それらは自分との出会いになろう。具体的な場面に身を置き、他者や事実に向き合いながら潜在的自己に出会うことの意味は大きい。それは意外性の発見、未知の自分との遭遇である。社会奉仕活動やボランティア活動などはこの要素を充分に有している。

問題を抱えている生徒も、周囲の評価やレッテルの中で、「どうせ自分は」と思いながらも「今の自分を変えたい」と願っている。だが、気負いもありなかなかレッテル剥がしができずにいる。しかし、きっかけを求めていることは間違いない。

欧米の社会では、大人にも子どもにも地域に多様な集団・サークルがある。子どもたちは、そこにおいて学業とは異なる「ものさし」に出会い、自己存在を確認し居場所をつくっている。それが子どもにとっての豊かさになっている。それだけにとどまらず、そこは大人にとっても「しなやかな子ども観」を得る場となっている。

わが国は、変化は生まれているものの依然学校中心である。これは、生徒だけではなく学校・教師にとっても重い課題である。

子どもの育ちにかかわる多様な集団が地域にあれば、子どもも大人もずいぶんと気が楽になる。自分に合う居場所探しの可能性が広がるからである。すぐつくることが難しいのであれば、学校のあり方を工夫することである。

具体的には、学校に多様な文化を取り入れたり、学校から生徒と教師が地域へ出て行く、などという方法があろう。交流は多様な基準と出会わせてくれる。

4　求められている協働化の生徒指導

かつて生徒指導にかかわる問題は、もちろん校内暴力に見られるように困難な問題もあったが、多くは学校内で対応できた。学校、教師の力が生徒に届いたのである。

しかし、今生徒たちは、消費社会や情報社会の問題、親の問題などを抱えて学校にくる。学校の教育力、指導力だけでは対処できない状況が生まれている。問題が複雑化し深刻化しているのである。当然、対応にも総合性が求められる。

生徒指導について、誤解をおそれずに単純化して言えば、指導が可能であった自己完結の時代、スクールカウンセラー導入に見られるカウンセリングの時代を経て、これからは総合的な力による協働化の時代になっていくと思う。

私は、生徒の心の問題に対して、カウンセリングマインドと法的な考えで問題を解決しようとするリーガルマインド、さらに社会のさまざまな力を結集するソーシャルワークの協働化が必要だと考えている。

(1)　カウンセリングマインド、リーガルマインド、ソーシャルワークの総合力

カウンセリングマインドは、共感と受容と信頼関係形成の態度・精神である。

カウンセラーは解釈や評価や指示をせずまずはじっくり聴く。その際のクライアントを尊重

する態度、心構えがマインドである。自分の問題を乗り越えていくには、その人が持っている潜在的な力、問題に向き合う姿勢が鍵となる。カウンセラーはそれを支えるのである。

生徒は、自分の行動が自分でもわからないことがある。それを表す言葉がみつからない。それがいらだちや暴力にもなる。自分の内面を見つめ、心のあり様を的確に語るには大人のサポートが必要である。心にあるほんとうの思いを自分がとらえるには力が必要である。それを引き出すには時間がかかる。

カウンセリングによる生徒理解、信頼関係の形成を踏まえて、どのように問題解決のために社会の規範と向き合うかはリーガルマインドからのサポートである。私は、そこに母性と父性の協働があると考えている。

学校における教師とリーガルマインドの関係は、①生徒の問題行動について法的に考え実践する、②法律を学習の教材とし実践する（その際には司法の専門家の協力を得た方がよい）、そして③教育紛争では教育弁護士（スクールロイヤー）の力を活用する力を持つ三場面があると思うが、中心はやはり生徒指導であろう。

私のいうリーガルマインドは、教師が生徒の成長発達権の観点に立ち、生徒自らが自己の問題に対峙し解決して行けるよう支える法的な思考に基づく対応である。それは、生徒の発達課題を明確化しそれに向き合うことができるよう迫り支えていく厳しさでもある。

カウンセリングにおいて心を開いた関係に、今度はみずからの行為の事実に向き合う厳しさをもって迫っていく。それは別の言葉でいえば、受容の優しさと自己の課題に対決する厳しさとの協働である。誤った行為であれば、何が正しいのか、行為の規準を伝えることである。ここに生徒指導におけるリーガルマインドの実践がある。

さらに、生徒の自分づくりを支えるのは人と具体的役割と場である。それがソーシャルワークである。それは人々が生活していく上での問題を解決したり、和らげたりすることにより、その人のより良い生活の質を高めていくことを目的にしている。人間関係を調整し、社会資源を活用し自立を支援する。

生徒の「変わりたい心」を「変わる力」にするには、社会的なサポートが不可欠である。生徒たちは、教師、大人からの具体的現実的な働きかけを待っている

(2)　家庭裁判所における実践からのヒント

カウンセリングマインド、リーガルマインド、ソーシャルワークの協働は、すでに家庭裁判所の実践に具体化されている。

例えば、試験観察（少年法二五条）では社会奉仕体験が行われている。調査官が少年を観察しながら処遇の効果を判断するのである。少年が他者とのかかわりで自分の役割や価値に気づいていく。

しかし、教育の目標は自己変革の力を形成することであるから、学校における社会活動は、そのかかわりの中から生徒自身が自己観察の力を身に付け、自分を変えてゆく力とすることにある。

ここに有益な文献がある。「家庭裁判所と中学校の連携のあり方について」（『家裁月報』平成一三年九月号）である。

そこでは、「学校は非行性はさほど高くはないが、集団生活の枠組みになじみにくい、行動

や思考が理解しにくい少年たちに対しても家裁に強い援助を求めてきているのが実情である」と問題意識を示し、「学校生活の維持が困難であったり、学校生活の中で少年に有効な援助や教育が実現できない場合には、形式的な通学や、教室に在席させることを見合わせる事を検討してもよいのではないだろうか」と法規範の厳しさを問い、「補導委託の柔軟な活用など、様々な社会資源を活用し、できる限り少年の指導に有益になる援助を工夫する時期に来ている」とソーシャルワークの対応を示唆している。

これをどう現実の力にするか、それは学校の自己変革にかかっている。

Q 原因は分からなくとも、大人の働きかけで子どもが変容するのはなぜか？

A
- 一人ひとりの子どもが、具体的役割を担い行動し社会からの承認を得る。そして必要とされる自分を発見し、自分を社会に役立つ存在として認知する。この自己確認が内面の力となる。
- 社会的有用感が自己肯定感に結びついていく時、子どもたちは変容を始める。
- あまりほめられることのない少年たちが、充実した時間と達成感を持ち、自分の行為によって感謝され、自分の中に自信が生まれることにある。つまり、それは他者・社会の力による自己イメージの転換である。

はじめに

問題のある子どもたちが立ち直っていく。現場の教師や青少年育成関係者が、問題行動の原因はよく分からなくても子どもたちは変っていくと言う。その克服にボランティア活動など社会活動がある。このことを私たちはどのように理解したらよいのだろうか。ここでは、それを「役割―承認」の観点から深めてみよう。

1　「出会いたいから」――自分探しはわがままか

「新しい人と出会いたいから」「自分のやりたいことを発見したいから」「新しく感動できる体験がしたいから」。

これらは、大学生の「ボランティア参加動機」に関する調査結果において群を抜いて多かった項目である。三つとも「自分の発見タイプ」に入るものである。「困っている人の手助けがしたいから」「地域や社会をよりよくしたいから」などの「社会貢献タイプ」や「進学・就職に有利にしたいから」の「キャリアづくりタイプ」などに較べて、最近の若者の意識を端的に表していると思われる（詳しくは、興梠寛『希望への力』光生館）。

確かに「社会性・公益性、無償性、主体性」（ボランティアの三原則）を大切にする人からみると、自分中心的ではないかという声も出よう。しかし、あまり社会的な貢献を参加動機とすると、時には気負いにもなり、ボランティアを必要としている人にとっては重荷となる。

ボランティア活動の中から、自分の可能性を見つけることもすばらしいことである。それが自己変革、自己成長へのきっかけとなる。私は、そこに自分と社会との統合を見てよいと思う。

さらに、前述の調査で興味深いのは「癒しセラピータイプ」が取り上げられていることである。その中には、「自分自身の生き方に自信がもてないから」「自分自身を見失っているような不安や喪失感から」「人や集団とのコミュニケーションに自信がもてないから」といった項目があり、三〇パーセント前後を示している。

これは、ボランティア活動が自分探し、自分作りに寄与する面を持っているということである。これからはこのタイプが増えていくと思う。私の経験でも、活動に取り組む人たちは常にしっかりとした自分を持っているわけではない。むしろボランティア活動に取り組む中で、迷いのある自分、悩んでいる自分が次第に見え、新しい自分と出会えるのである。

2　活動の中で自分に向き合う

このほど兵庫県の高校教育課が、平成一三年度から三年間実施してきた実践を『新たな生徒指導の実践・研究　高校生心のサポートシステム　実践事例集』としてまとめた。実践の一部は、「協働論」の中で紹介したが、まとまってみるとさらに実践のためのヒントがある。

内容は、「関係機関との連携、反社会的行動、非社会的行動、その他（問題行動前の予防等）、ホームルーム活動」と広いが、いずれも強い現実認識と具体的対応策の提起に貫かれていて役立つ。それは、一言で言えば「生徒の再生、自分探しへの支援」である。

問題を抱える生徒が新しい自分と出会うために、さまざまな事実にかかわりながら変容し成長発達していく。とくに専門家が参加した支援チームの協力を受け、生徒が生活空間を拡大し、具体的役割を担い、次第に自分が規定していた「だめな自分・できない自分」から「できる自分」に自己評価のものさしを移していく過程がよい。事実の持つ重みが子どもを育てることが分かる。

また、根本的な対応として生徒のコミュニケーション能力の開発、ストレスマネイジメントのテーマを取り上げているのも参考になる。

子どもが変わるには、実際の活動に身を置き、具体的な事実と自分が向き合うことが大切になる。

神戸家庭裁判所は、すでに一九九二年、刑法犯として審判を受けた一九歳の無職少年にボランティア活動による試験観察（少年法二五条）を命じている。

裁判官からボランティア活動を指示された弁護士は受け入れ施設を探したが、相次いで拒否された。しかし、障害者の授産施設が受け入れてくれた。少年は、六月一五日から七月末まで、毎朝六時に起きて施設に通い園生と一緒に働いた。時には園生の相談相手にもなり、退所時には送別会を開いてもらった。裁判所は、更生が期待できるとして保護観察処分にした（一九九二年一〇月二六日付毎日新聞）。

さらに記事によると、少年は「ハンディを背負った園生の頑張りに心打たれ、自分が恥ずかしくなった。自分も何か役立てるはず」と話しているとある。自分も役に立つ、何かができる、頼られるということは人を変える。いつもすんなりといくわけではないとしても、具体的な状況に身を置き、人とのかかわりの中で人は変わる。説教だけでは人は変わらない。

東京家庭裁判所は、平成元年の頃に社会奉仕活動を導入している。欧米の社会奉仕命令は施設への過剰収容を避けるためであったが、わが国のものは保護的措置機能の充実を意図したものである。

ここで言っている社会奉仕活動とは、「在宅試験観察に付されている少年が、特別養護老人ホームにおいて行うボランティア活動の呼称」であり、その目的は「老人の身の回りの世話を通じて、少年に他者への思いやりの気持ち養わせ、社会の一員としての自覚を深めさせ、その健全育成を期する」と、とらえられている（詳しくは、柳沢恒夫「東京家庭裁判所における保護的措置の新しい試み」『犯罪と非行』一一五号〔日立みらい財団発行〕）。

重要なのは、ほとんどほめられることのない少年たちが充実した時間と達成感を持ち、自分の行為によって感謝され、自分の中に自信が生まれることにある。つまり、それは他者・社会の力による自己イメージの転換である。

3 自分を知りたい、自分を変えたい

(1) 分析と対策と実行と

私たちは、問題が発生すると、さまざまな学問の成果を活用し、現象の分析、要因の把握、原因の特定、対策の立案といった過程において、問題を克服しようとする。確かに原因の特定は効果的な対策に結びつく。だが、結局のところ大切なのは対策の実行である。実行されにくい対策の立案や作成されただけの対策では現場は困る。

ところが、それ以上に大切なことは、問題行動の原因は分からなくとも人間は変わり得るということである。しかし、このことは原因論の存在を否定するものではない。原因が正確に把握できなくても、人への働きかけは可能であるという意味である。

現場の教師や青少年育成関係者がよく言う。「問題行動の原因はよく分からないが、それでもその子の心に寄り添いながら、その子に合った出番をつくり、時間をかけながらかかわっていると確かに子どもの変容が現れてくる。子どもたちが思いもかけず成長したと感じることが

ある」。

ここにあるのはやみくもな実践ではなく、子どもの心を理解した上での働きかけである。それは「役割―承認」という論理である。「個人―社会」の論理と言ってもよい。一人ひとりの子どもが、ある場面で具体的役割を担い行動する。それが結果的に他者のためになる。社会からの承認を得る。そして必要とされる自分を発見する。自分を社会に役立つ存在として認知する。社会的有用感は自己肯定感に結びついていく。自分探しのボランティア活動は社会的な貢献と一致する。

(2)　役割――できないからこそ出番がある

「自分のこともよくできないのにボランティアとは」ということを聞く。できないからかかわってみるのである。人は人の力で育つ。できるから役割が与えられるのではなく、できないからできるようになるために役割が与えられ、サポートを受け、できるようになっていく。出番と役割が人を育てる。その際、役割の遂行が新たな力の獲得になっていくように、大人は子どもたちの発達課題を見きわめ、本人の努力を引き出し、サポートすることが大切になる。

ところで、老人ホームや障害者の施設・保育園はなぜ子どもを育てるのだろうか。なぜ子どもたちの潜在的な力を引き出すことができるのだろうか。それは、高齢者・障害者・幼児が社会的弱者といわれるからではない。その人たちが子どもの存在と力を自然な形で迎えてくれるからである。子どもたちを外見で判断したり、過去の過ちにレッテルを貼ったりはしない。目の前にいる子ども自身を見てくれる。

また、子どもたちが取り組む行為がささやかであってもすぐにうれしさ、感謝など分かりやすい反応を示してくれる。そして、頼られるということもある。保育園児がそっと高校生のところにやってきて手を握る。安心するのである。高校生は幼い命を守ってやりたいと思う。幼児が高校生の力を引き出してくれる。

(3) 承認——排除と歓迎のまなざし

子どもが育つには、自分の中で充実感を持つことはもちろん、社会から認められるということが大切である。問題行動の繰り返しから嫌がられ疎まれていた子どもが、あることにかかわり、役割を担い、達成感を持ち、他者からの反応を受け止める。

例えば、高齢者から「お兄ちゃんありがとう。またあしたきてね」「よくきてくれたね。待ってたよ」といった言葉が本人にとっては社会的承認である。看護師をめざす女子生徒が奉仕活動で行ったホームの高齢者の一言で変わることがある。痛いとしかいわない老人に待ってたよと言われてジーンとくる。感謝と歓迎が自己存在の確認になる。

過剰なほめ方や根拠のない称賛は、かえって子どもたちの感情に届かない。それらは本人の手応え感と合致しないからである。つまりほめる側の言葉、態度、姿勢が本人の達成感と合致し、他者から認められたということにつながった時、はじめてほめることは内面で意味を持つ。

3　教育に法の知恵、法の力を

1　苦情論　教育における学習モデルと調停モデル

Q　学校は、苦情をどのようにとらえ、どのように対応したらよいのだろうか？

A
- 信用は、もちろん問題が起こらないから得られるものであるが、同時に起こった時の対応からも生まれる。
- 苦情を力にするには、学習の視点と姿勢と仕組み（学習モデル）が求められる。
- 生徒・親の不満や苦情の中でやっかいな問題に対応するには、調停モデルが求められる。

はじめに

学校教育への苦情は、その対処について発想を変える必要があると思われる。一つは苦情を学校・教師と親の学習の機会、教育の質の向上の機会ととらえること（そのためには内容の識別が大切）であり、今一つは苦情にふさわしい対処と解決の仕組み・方法をつくることである。
ここでは、教育苦情における学習モデルと調停モデルについて考えてみよう。

1 客の苦情と店の回答

共働きのためわが家も家事は分担である。私もスーパーに買い物に行くが、ある時レジを終えて出口に向かうところに「お客様の声」という掲示板があることに気づいた。どんなことが書いてあるのだろうかと足を止めた。

客の苦情・要望に店長が答えている。それは商品だけではなく店員の態度についてもである。声の多くは主婦であるが、子どもの思いからのものや高齢者ならではの声もある。なるほどと思うものもたくさんあるが、中には客のわがままとしか思えないようなものもある。それでもていねいに対応している。

商売は大変である。だが、これはスーパー業界だけではなく、教育、福祉、医療にもあてはまる。店の対応には、苦情とその対応（「処理」という用語は適切ではない）、客の納得という他の分野にも共通するポイントがあるようである。

さて、このスーパーの掲示板であるが、まず回答は手書きである。機械的処理ではないという印象を与える。最初にお礼の言葉が書いてある。日付が書かれていないので対応が迅速かどうかは分からないが、文面からはすぐに対応したことがうかがわれる。

そして、回答には段階があることがわかる。つまり「改善する」、「努める」、「難かしい」の三段階である。「改善する」にも「すぐできる」と「時間がかかる」と二つある。

誠実さは、できないことはできないと答えることでもある。その際理由は簡潔にする。できないのにできるかのように期待させることは不誠実である。努力するのであれば、このような解決方法が可能であるのでこのようにすると答えるのが誠実さである。しかも、対応は個別対応のように見えても一般客も目にする。

客は自分の声に対する回答を読み納得する。あるいはしないかもしれない。しかし、つながりは生まれた。一番うるさい人が一番の理解者になるかもしれない。客は口コミという宣伝媒体である。

2　学校教育と苦情

ある企業ではクレーム隠しが問題となり社会的非難をあびた。それは、隠すことによる当面の利益よりもはるかに大きな代償を支払うこととなった。信用の回復にどれだけのことが必要とされたか。

信用は、もちろん問題が起こらないから得られるものであるが、同時に起こった時の対応からも生まれる。それは消費者の目の健全さを示している。謝罪の誠実さと対応の迅速さがクレーム対応のいのちである。

学校教育においても、苦情の対応は信頼関係の形成の機会である。企業は、製品でも社員の応対への苦情でも相談窓口を用意している。常に顧客満足度と評価を受けるシステムを持つ。近年は教師の職場体験が行われているが、それは企業の苦情対応について知るよい機会でもある。

ところで、そもそも学校教育と苦情はどういう関係にあるのだろうか。教育は商売ではないと言ってしまえばそれまでだが、人を大切にする姿勢や苦情やもめごとへの対処の基本は変らないはずである。

教育苦情は、生徒や親の側から考えてみる大切なテーマのように思う。教育においては、苦情を非難のように受け取るが、もともとそれは「被害を受けたり、不公平な扱いをされたり、迷惑を受けたりしたことに対する、不満・不快な気持ち。また、それを述べた言葉」（大辞林）の意味であり、生徒・親からの苦情は事態の改善要求ととらえるべきであろう。今日の社会において、学校教育だけが苦情解決そしてシステムづくりと無縁であるはずはない。福祉や医療は事業の経営者による苦情解決システムを有している。むしろ積極的な対応により教育の向上を図ることの方が建設的である。すでに教育においても、このような認識の下に対応の手段を持ち実践している学校もあろう。

教師は、今の親は注文が多くやりにくいというが、現実に親が学校教育に意見を言うことは難しい。なぜだろうか。

何よりも教育は、教師という専門家を信頼して任せるものであり、注文を付けるものではないと思われているからである。また、教育の対象は子どもであるということもある。子どもがきちんと意見を言うのは難しい。親も苦情を言うことで子どもへの不利益にならないかとを考えやめてしまう。

さらに、製品の欠陥は見えるが、教育や指導内容の問題性は見えにくい。とくに教師の不適格性については問いにくい。

苦情は英語ではクレーム（claim）であるが、意味する内容は日本語と違う。クレームには、当然の権利として主張することと損害賠償を要求することとの強い意味がある。共に法的な意味である。その意味では、わが国の教育苦情はコンプレイント（complaint）であろう。

わが国は「オネガイ文化」であり「クレーム文化」ではないと法律家は指摘する。

３　親の苦情と学習モデル

教師は今の親は主張ばかりで大変だと嘆き、親は学校や教師に不満や要望があっても出しにくいと嘆く。いわば嘆きのすれ違いである。

教育をよくしていくにはここに重要なかぎがある。見方を変えれば、親からの不満や苦情は教育の質を高める問題提起である。密閉化される不満の方が不健全であり問題である。

企業では、一つの不満の後ろには多く同じ不満があるとみる。苦情は貴重な声であり、そこから改善のヒントを得る。学校も同じであろう。ただし、そのためには苦情の内容の識別と対応システムと対応力がなければ現場は混乱してしまう。

学校は苦情に対してあまり上手ではない。苦情に慣れていないため過剰に構えてしまう。初期対応の不適切さが事態を悪化させることもある。苦情を力にするには視点と姿勢と仕組みが求められる。つまり学習モデルの形成である。

わが子を守るのは親である。しかし、ともするとそれはわが子だけのことを考え、かえってマイナスとなる場合もある。とくに最近の若い親たちにはその傾向が見られる。大切なのは子どもが育つかどうかである。その意味でも、親の苦情は、教育とは何か、子どもが育つとはどういうことかを理解する機会である。親は苦情を出し、話し合い、合意することでその内容を客観化する。苦情は学校参加のきっかけともなる。

また、苦情には個々の教師に対応できるものとそうではないものがある。したがって、その後の対応についてあらかじめ決められていることが肝心である。苦情の隠蔽も問題なら、迎合や言いなりも問題である。

今の教師は生徒や親の不満・苦情を受け止める力が弱いように思う。苦情対応の原則とされる感情の受け止め方（傾聴と共感）と問題の整理（分析と課題化）には研修が必要である。

すでに社会福祉の領域においては、「利用者の権利擁護と苦情解決」の仕組みがつくられている。そこでは、苦情の密室化を回避し、利用者の満足感を高め、権利を擁護し、一定のルールに沿った方法で解決を促進することを目的とし、実践的な研修も行われている。

4　教育苦情に即した調停モデル

多くの親は、学校教育をめぐる苦情を持っていても口に出さない。だが、それは違う形で非協力の姿勢となる。しかも、学校は大きな集団であるから影響は小さくない。

企業ではウォーカー（walker）といわれ、苦情を言わず黙って立ち去る消費者が実は回りの人には不満を言い影響を与えているととらえる。

学校は、日頃から保護者に不満や苦情について、対応の窓口が用意されていること、問題は明らかになることが健全であること、苦情は向上をはかる機会でもあることを伝えておく。学校と親の間に苦情の持つ意味の共通理解があることは重要なことである。

もめごと・紛争は、発生の性格からその収め方の工夫を要請する。すなわち、解決方法、手続き、場、関係者、システム（仕組み）などである。

家事事件であれば、家族・親族という近親ゆえの葛藤の大きさを考慮して、解決のしくみを非公開・調停優先（離婚には調停前置主義がある）とする家庭裁判所がある。少年事件は少年の発達過程にあるという未成熟性、要保護性に注目し家庭裁判所がかかわる。労働争議には斡旋・調停・仲裁がある。

それならば、学校教育をめぐる事件・紛争にも当然その解決方法に独自性あってもよいと思うが、とくにないのが現状である。これまでは、一般の民事・刑事・国家賠償で対応してきた。なぜだろうか。それは、教育は紛争を前提としてなかったからである。

教育に紛争は相容れないという意識が学校関係者にも父母にもあった。教育は人権を侵害しないという意識もあっただろう。

学校教育問題の法的紛争化はダメージが大きい。それは、当事者にとどまらず地域にも影響を与える。

トラブルは未然に防げることが一番よい。しかし、起こってしまったのであれば迅速に解決することである。もちろん問題の内容にもよるが長引くのはよくない。訴訟はよほどのことである。

いま学校教育に求められているのは、生徒や親の不満や苦情の中でも少しやっかいな問題に対して迅速に対応する教育問題調停モデルの存在である。何よりも大切なのは迅速性であろう。

学校で解決できない場合は教育委員会の対応となるが、そこで大切なのは迅速性と公正性である。親は、教育委員会はなかなか動いてくれないと不満を言う。それがさらなる不信感を生み苦情となる。

調停モデルは、第三者機関が迅速性と中立性・公正性を基軸に、教育問題に詳しい弁護士やスクールソーシャルワーカーなどの参加も得て、すぐに関係者の言い分を聞き調査し改善策を提示し合意し、そして実効性の評価もするものである。学校の教育力を高めるために苦情解決の調停モデルは有効であろう。

Q

学校の紛争には、スクールロイヤーが有効ではないのか？

A

●学校教育紛争の対応には、法の力を活用すること、紛争に学ぶ視点を持ち、その仕組みをつくることが大切である。

●これからの時代は、問題を複雑にしないために法律の専門家の意見を聞いておこうという法意識・法行動になっていくだろう。そのための広報、サービス業務も弁護士側には求められる。

●スクールロイヤーの機能には、相談機能、調整機能、つなぐ機能、教育機能がある。

●学校教育紛争の特質は、その影響が当事者だけではなく教育活動全体に及ぶことである。その心理的なダメージは大きい。

●不安の中にいる関係者にとっては、弁護士からどのような性質の問題か、どのような対応が必要なのか、どれが可能なのかなど、一定の見通しが述べられただけでも安心である。

はじめに

学校教育をめぐる問題が複雑になってきている。心の問題の対応にはスクールカウンセラーが配置されているが、教育紛争の適切な対応には法律家の力が必要である。

ここでは、スクールロイヤー（教育弁護士）の役割と可能性について考えてみたい。

1　生活とトラブルと対処──「かかりつけ」の意味

生活の中ではさまざまなトラブルが起こる。その時大切なのは迅速に対処し解決することである。

最善は起こらないこと、起こさないことであるが、起こってしまったら悪化を防ぐことも重要である。そのためには対処の仕方を誤らないことである。つまりボタンの掛け違いをしないことである。そうでなければ二次的三次的被害が生じてしまう。

例えば、住まいのことであればすぐに連絡がとれる電気・水道の店があると安心である。病気であればかかりつけの病院ということになろう。とくに乳幼児や高齢者の場合は近くにあることが重要である。

実はこの「かかりつけ」が危機管理とつながっている。なぜなら、すぐにかかれるということはもちろんであるが、そこにある本人の医療情報に基づくアドバイスが健康管理にも寄与しているからである。

かかりつけ医師は、英語でいえばファミリードクター（家庭医）であろう（ホームドクターは和製英語という）。同じように、ストレスの多い現代社会では心のことについてもかかりつけが必要であろう。つまり気安く相談のできるカウンセラーである。さらに、市民生活に起こるトラブルならば、やはり相談しやすいファミリーロイヤー（わが国で言えばホームロイヤー）であろう。これからの複雑な社会を健康で安全で安心に生きていくためには、まだわが国の社会では認識は低いがカウンセラーやロイヤーの上手な活用が求められよう。

ところで、学校の現場ではどうであろうか。生徒の身体の健康にはスクールドクター（校医）がいる。心の健康にはスクールカウンセラー（臨床心理士）が配置されるようになった。だが、まだ教育問題にスクールロイヤー（教育弁護士）をという認識はない。私は、これからの学校の危機管理にとってスクールロイヤーの役割は大きいと考えている。

2　弁護士をめぐる変化

進む司法改革の中で弁護士の役割・業務はどう変って行くのだろうか。ビジネスか社会正義かという言い方がされるが、市民の側からすればやはり社会正義の実現に力を注いでほしいだろう。ただ時代の要請としては、法律サービスになってくるであろう。弁護士の活動の幅は広がり法廷の外に移っていく（和田他編『交渉と紛争処理』日本評論社参照）。そこでは、従来の訴訟代理人から相談や交渉と和解が重要な仕事になる。

いくつか動きを見てみたい。

まず弁護士像・観についてである。近年は、テレビのコメンテーターや法律番組の回答者を通して弁護士にも親しみが出てきたが、一般の人にはやはり身近な存在ではない。とくに相談したい時、料金や解決の方法、それに要する時間の見通しなどの情報がほしい。確かにインターネットで弁護士が探せる時代ではあるが、日本人はまだまだ弁護士の専門的力量よりもどういう人かが気になる。もちろん手腕と人柄は別なのだが。弁護士も選ばれる時代であり、依頼人がリピーターになるかは重要である。

法律サービス業務ということが言われているが、それはクライアント（依頼人）を大切にするということである。サービスという考えは、すでに医療サービス、福祉サービス、保育サービス、行政サービス、情報サービスなど広く使われている。それらはすべて人間にかかわることがらである。

サービスは、もともと仕えることを意味するから利用者の側に立つことである。つまり充分な個別的な対応をするということになる。そのクライアントのために法律サービスを組み立て分かりやすく提供するのである。

次に、弁護士が取り扱う分野も広い範囲に渡っていくであろう。その中に学校や教育問題も入ってくるであろう。子どもの問題にかかわる弁護士は、かつて少年事件の付添人経験者が子どもの人権・権利の進展の中で、また子どもの問題の広がりの中で取り組むようになった。今後はいっそう子どもの問題の総合的で専門的な取り組みが要請されてくるであろう。

法科大学院でも、専門性を養成するために子どもの弁護、教育問題の紛争と解決というテーマ化あるいは講座の開設が必要であろう。

さらに、紛争の予防や悪化の防止に市民の関心が移っていくであろう。問題がこじれて、どうしようもなくなった時、裁判を覚悟し弁護士事務所を訪ねるといった対応・法意識から、問題を複雑にしないために専門家の意見を聞いておこうという法意識・法行動になっていくだろう。そのための広報、サービス業務も求められる。

　これからの市民にとって、弁護士に対して必要な姿勢が二つある。つまり専門家を活用することに抵抗感を少なくすること、そして相談の際には事実を要領よく整理し質問項目を適切にしておく思考を持つことである。

3　学校教育をめぐる紛争と解決

　学校教育の中心は授業であるが、同時に生徒指導にかかわること、教師にかかわること、父母にかかわることも重要な課題である。授業は安定した学習秩序を求める。生徒の生活指導面は成長発達にかかわり動的な対応を求める。親や地域は時代の変化の中で学校の新しい対応を求める。教師への要望は強くなり批判は厳しくなる。明らかに学校を取り巻く状況は変った。

　学校も社会の評価と無縁ではない。近年、企業については、情報公開、苦情対応、説明責任などをめぐり社会的な評価と要請は厳しい。学校を企業と同列に論じることはできないとしても、組織の運営と発展の点からすると、前述のことがらのどれ一つをとっても学校はあまり積極的ではない。

　学校教育紛争の対応には、二つの大切な視点が必要である。一つは法の力を活用することである。これまで教育に法紛争はなじまないということが、結果的には隠したり教育の向上を阻害してきた。

　法はもめごと・争いを前提とする世界であり、それに対処する論理や技術を持っている。むしろ紛争があることを自然と見て、争いをどうまとめるか苦心する。時には、あえて隠れている問題を顕在化させ、課題を明らかにし、解決の糸口を見つけ対処法を形成する。そして、それを次の予防法や解決法としても生かす（安藤『子どもの権利と育つ力』三省堂参照）。

学校教育紛争の特質は、その影響が当事者だけではなく教育活動全体に及ぶことである。その心理的なダメージは大きい。またその対応が適切になされなかった場合、さらに不利益が生じる。紛争における長期化・深刻化は、当事者の精神的時間的な打撃となる。もちろん教育現場の混乱にもなる。生徒・父母・地域に広がった不信感は教育活動を阻害する。

スクールロイヤーが中立的立場から問題点をとらえ、解決に向けて早期に動くことはきわめて有効である。不安の中にいる関係者は、どのような性質の問題か、どのような対応が必要なのか、どれが可能なのかなど、一定の見通しが述べられただけでも安心である。

今一つ重要なのは、紛争を学習化する視点を持ち、その仕組みをつくることである。この点は、「関係志向的弁護士」というあり方がヒントになると思う。すなわち、弁護士は「依頼人の主体性を大事にし、当事者の語る言葉に共感をもって聴き、そこから問題解決の手がかりを得、紛争を通じて開かれる当事者自身によるあらたな関係形成を支援する役割を果たす」というものである（前出和田他編著）。

この立場からすると、学習の視点をどのように確立し、スクールロイヤーにどのように活動してもらうか、学校側のあり方も問われる。学校は言うまでもなく教育機関である。その機関に学習機会がなく排除や抑圧が働くとしたら矛盾である。

今は、学校教育について生徒も親も意見を言う時代である。なかにはわがままな注文もある。しかし、言わない状況、言えない状況を作ることが安定ではなく、事実を基に学習化していく機会を作ることが学校の機能である。だが、それを教師が担うことは無理である。それはスクールロイヤーの仕事である。問題やトラブルに関し法律の考え述べ、生徒も親も学習をするのである（「苦情論」参照）。

4　スクールロイヤーの四つの機能

最後に、スクールロイヤーの機能についておさえておこう。

まず、制度的には学校内対応が困難と予想されるもめごとについて、早期解決のため法律の専門家として学校に派遣されるのである。その活動は教育サービスとして位置づけられる。仕組みとしては、各市町村が各弁護士会の子どもの権利委員会に委嘱し、課題に即して弁護士を派遣してもらうのである。これならば取り組みについて委員会で共有し、問題を深め、さらに同種の課題に生かすことができるからである。したがって、むしろ弁護士会の子どもの権利委員会のあり方と取り組みが重要になる。

訴訟となれば、生徒・父母は私費で弁護士を雇い、公費の学校側弁護士と争うという形になり負担は大きい。迅速性と中立性と調整原理を特長とするスクールロイヤーの働きは重要である。

次に性格としては学校弁護士ではない。なぜなら、これまでも学校教育紛争でみられたように、学校弁護士では最初から学校寄りとされてしまうからである。あくまで生徒にとって何が最善かを軸に中立の立場で活動する。

機能は大きくわけて四つあろう。

①相談機能では、問題を法的側面から分析しその対処法について示唆する。リーガルカウンセリングである。
②調整機能では、当事者間を調整し、できるだけ紛争を和解へと持って行く。
③つなぐ機能では、外部の関係機関と問題解決のために連絡調整を行なう。
④教育機能では、前出のように生徒には具体的事実に基づく人権教育、法律教育を行ない、リーガルマインドの形成に寄与する。また、教師や父母には問題の法的見方、理解を行なう。教師の紛争解決力の形成、親の苦情の出し方にも法律学習は有益である。

第4章 新しい学習力を問う

I　存在論
少年によるホームレス襲撃事件と人権学習

Q　少年たちによって繰り返されるホームレス襲撃事件に、どのような教育の課題があるのか?

A
- ホームレス襲撃事件の少年たちはいじめや虐待の経験を持ち、事件は弱いものがさらに弱い者を攻撃するといういじめの連鎖となっている。
- ホームレスとは、人間としての存在、生存そのものが危機にある状態である。つまり、人間の基本的な欲求がほとんど奪われている状況にある。
- 少年たちの歪んだホームレス観の背後には大人の歪んだホームレス観があり、それを修正するには正確な知識、学習がまず必要である。

はじめに
少年たちによるホームレス襲撃事件が何度も起こっている。同じような事件が繰り返されることは、それらが単に少年の問題というより、社会の中にも課題があるからであろう。また、ホームレス問題も個人にだけ帰せられない社会の課題がある。さらに、これらの事件は、生徒の人権学習にとっても大切なテーマである。

ここでは、ホームレス襲撃事件が持つ課題と人権の学習について考えてみたい。

1 学生は事件をどう見たか

ここに一つの記事がある（「記者の目」二〇〇四年四月七日付毎日新聞）。

少年たちによるホームレス襲撃事件を取材したものである。事件には、加害者である少年の問題と被害者であるホームレス生活者の問題という二つの側面がある。

事件は、二〇〇三年六月一八日未明東京で起こった。一六歳の無職少年二人がホームレス生活をしていた六四歳の男性を水死させたというものである。

記事によると、一人の少年は「ホームレスは人間のくずだから」と動機を供述したという。少年は学校でいじめに遭い、友だちを求めて不良グループに加わり、「ホームレスいじめ」を繰り返していた。事件の直前には暴走族に絡まれ、川に飛び込まされた。その憂さ晴らしをするようにホームレスを襲った。

また、少年の母親は「だらしなくしているとホームレスみたいになっちゃうよ」と幼少時の少年に戒めの意味で話していたという。

大学生たちは事件をどのようにとらえたのだろうか。意見を書いてもらった。

もっとも多かったのは、うっぷんばらし行為という「より弱い者への攻撃」の点である。少年の心理については、「いじめられからいじめへの連鎖」と「少年期の集団化の怖さ」に注目している。

社会意識については、「大人が持つホームレスへの見方の影響」を指摘している。また、メディアについても、「ホームレス問題をどういう視点からとりあげるか」という点を問題にしている。ホームレスの背景については、「長引く不況とリストラ」を問題にしている。

対応策に関しては、教育について子どもたちが「人として大切なものを学ぶ機会が少ない」ととらえ、少年たちに「打ち込めるものが必要」と提起している。ホームレス対策については「国の雇用・就労対策の問題」が最も多かった。

アンケートは、自由記述のため多様な意見が出た。しかし、それでも少年にかかわる指摘が多く、野宿生活者を人権と法、すなわち生存権と生活保護法の観点からとらえる視点は弱かった。

2　人が人として存在するということ

ところで、人間の基本的な欲求には、衣食住に関わる生存の欲求、安定した生活を送りたいという安定の欲求、家族・学校・職場など集団にかかわって生きる帰属の欲求、他者・社会から認められたいという承認の欲求、自己創造を含み何らかの生産などにかかわりたいという創造の欲求があるといわれる。

しかも、それぞれの欲求は「生存→安定→帰属→承認→創造」というようにより高次なものへと連動して存在する。人間が人間として存在するためには、これらの欲求が一体として満たされることが必要である。なかでも承認と創造の欲求は人間の人間たる存在の根拠である。この点について、ホームレス襲撃事件の少年とホームレス生活者はどうであろうか。

「ホームレスいじめ」の少年たちは、親の虐待や学校でのいじめ被害を自分より弱い無抵抗のホームレスに向けている。そこには、弱い者がさらに弱い者を攻撃するといういじめの連鎖である。しかし、たとえ事件の背景にどんな理由があろうと、事件を起こし他者の人権を侵害したことは事実である。結果にはどんなにつらくとも向き合い、つぐなわなくてはならない。

同時に、社会にはいじめの連鎖を断つ責務がある。そのために必要なことの一つは、少年たちの居場所作りである。そこで少年たちはありのままの自分が受け入れられる。そして、心に自分への肯定感が生まれる。

今一つは、実際に少年たちを生かす大人の具体的なかかわりである。そのかかわりの中で少年たちは、暴力など違法な行為に頼る未熟な自己表現のむなしさと過ちに気づき、ささやかでも他者、社会とのかかわりの中で自分たちを生かすという方向に転換される。前述の基本的欲求にいう新たな自己創造と社会的な承認である。

また、ホームレス生活者についてみると、ホームレス問題の本質は人間としての存在そのものの否定にある。だが、社会には、住居だけが欠けているという見方や自由でいいといった見方すらある。

ホームレスという言葉も実体を正しくとらえていない。それは文字通り住居のない状況をいうが、それも常時欠ける状態であり仕事も収入もない。食事や入浴を欠いている状況は身体と心の健康、衛生面に影響する。

人間関係もなく、人との会話もない。ボランティアから語り掛けられる言葉は久々の会話であるという。感情が消失し、心と身体への気遣いがなくなる。ホームレスとは、人間としての存在、生存そのものが危機にある状態なのである。つまり、人間の基本的な欲求がすべて奪われている状況にある。

3　偏見の克服と社会への視座

この事件はとくに二つの学習課題を提起している。

一つは偏見の克服である。ホームレスへの偏見はイメージから生まれる。つまり「汚い、怖い、怠け者、好きでやっている」である。それがからかい、繰り返しのいじめ行為となり排除・襲撃となる。

しかし、実態調査は誤ったホームレス観を否定する。要因は経済的理由がほとんどで、失業の増加、社会構造の変化にかかわっている。したがって五〇歳から六〇歳の中高年が大部分である。

野宿生活者が最も困っているのは、清潔に保つことができないこと、次いで空腹である。少年たちからの危害への恐怖もある。働きたいと望んでいても働く場所がない。昼間寝ているのは夜間空き缶拾いなどを行なっているからである。

調査は「関心が低い人ほど『じゃま』『うっとうしい』というイメージを持ち、支援にも否定的」ということを指摘している（二〇〇一年二月一日付毎日新聞）。

一九八二年に横浜市で起こった「浮浪者殺傷事件」で、少年たちは「ゴミを掃除した」と言った。二〇〇三年春から夏にかけて連続して発生した川崎の襲撃事件の少年たちも「ゴミ退治」と言った。この事件でも少年は「人間のクズだからいい」と言った。そこには歪んだホームレス観がある。背後には大人のホームレス観がある。修正にはまず正確な事実が情報として届くことである。それには調査の活用が有効である。そして学習である。

ホームレスという言葉も、なぜ野宿せざるを得ないのか、このことを考えれば「野宿生活者」の方が実体を正しくとらえている。ホームレス状態を表わす言葉が、一面を固定化し実体を見えなくさせる。それゆえに事実に基づく知識と学習と検証が必要なのである。

ある中学校ではホームレスの支援団体関係者をゲストに招き総合学習を展開している。別の中学校では生徒たちが青テントが並ぶ公園を歩き、直接話を聞いている。生徒は「これまでは怖かったが、普通のおじさんだった」と話す。川崎市では子どもと野宿者の交流の結果襲撃事件が減ったという（二〇〇三年一一月一九日付京都新聞）。

さらに、学習を機会にホームレス支援のボランティア活動に取り組む若者がいる。しかし、授業を好ましく思わない親がいるという。問題は子どもより大人にあるようである。

今一つは、個人責任と社会責任の問題である。ホームレスの要因をホームレス生活者自身の問題に帰す見方が多い。私たちは、今一度憲法の生存権の意義、生活保護法の課題をしっかりと見つめる必要がある。

社会は自己決定、自己責任の尊重へと向かっているが、すべて自己決定でいいのだろうか。現代的貧困の克服には、市民の意識改革や支援、連帯という新しい社会原理と実践が不可欠である。

大阪弁護士会の調査によると、ホームレスに至った理由の多くに借金問題があり、それは解決できる問題であることが相談でわかったという。有効な情報がホームレスになる前に届いていないのである。このことは予防対策について示唆している（二〇〇四年四月三日付高知新聞）。

4　人権学習で大切にしたいこと

私も「人権と教育」という講義を担当している。どのような教材を選び、何をどのように伝えればよいのか工夫している。

講義の中でもっとも大切にしているのは、人権はどこにあるのか、いかにして人権意識を行動にしうるかという問いである。しかもそれを問い続けることが大事だと考えている。人権は法律を学ぶ教室や裁判所にだけあるのではない。私たち一人ひとりの生活の中の行動にある。

人権に関する知識は人権に関する感性、意識、行動につながって意味を持つ。学びが内的変化に結びつき、人とのかかわりにおいて行動に発展する。つまり学習の発展とは質的に深まること、価値として内面化することである。

学ぶということは個別の問題を普遍化することでもある。ホームレス問題で言えば、偏見はなぜ生まれのか、どのように克服するかというテーマになる。

人権問題は教える側より学ぶ側に視座を置くことである。その意味で人権学習である。人権学習では、生徒の内面の疑問（?）の連なり、気づき・発見（!）の連なりを基軸としたい。学習の推進力は生徒たちの自主的な力にある。

教師は、生徒の?と!との深まりの過程を適切に支えることである。教材は、ここで取り上げたように社会の中で実際に起こった事件や事故の報道記事などである。関係者の声を直接聞くこともよい。ゲストとの交流も実感できることがたくさんあってよい。とくに感性の豊かな時代、子どもたちが事実に直面する意味が大きい。

積極的に地域の力や専門家の力を生かしたい。はじめに事実ありきであり、人権の定義ありきではない。生徒一人ひとりの事実に対する疑問、怒り、感動、内面の揺れを大切にしたい。討議が右往左往することも大事にしたい。

ホームレス問題は現代社会の新しい貧困問題であるが、同時にそこにはホームレス理解の貧困がある。

2 権利学習論

1 子どもの権利を学ぶ大人の課題

Q 大人が子どもの権利を学習するには、どんなことが大切なのか？

A
- 子どもの権利について、大人が持っている不正確な知識、偏見や誤解を点検し修正することである。
- 子どもの権利を強調すると大人が萎縮してしまうという問題がある。大人の意欲を引き出す子どもの権利の理解が求められている。
- 具体的な事実を素材にする学び方、プログラムの創出が本格的に検討されるべきである。

はじめに

地域で子どもの権利について学習をしているとさまざまなことに出会う。その中に、大人が持っている権利に関する無理解や誤解があることに気づく。しかも、それは共通していることが多い。

ここでは、権利学習をテーマにして、とくに大人の側にある課題を提起してみたい。言うまでもなく、大人は子どもの権利を保障する主体である。その意味で、大人が子どもの権利について学習し理解することはたいへん重要であり、そのためにも学習の方法はさまざまに工夫されてよい。

1　見える権利、見えない権利

ある小学校からPTAの研修会に呼ばれた。校長室に入ると、そこには歴代校長の写真がなかった。私は、校長室には通常それがあるものと思っていたから少し驚いた。代わりに、歴代の校長名と在職期間を一覧表にして貼ってあった。

一番目立つ所には、生徒一人ひとりの名前と写真が貼ってあった。新鮮さがあった。一人ひとりの子どもを大切にするとはこういうことなのだと思った。

講演までの少しの時間、校長と子どもの権利の話になった。私は、この学校にはすでにその実践があると思うとお伝えした。

校長は、生徒一人ひとりの誕生日に、生徒と一緒に探した四つ葉のクローバーを押し花にし、栞を作り、言葉を添えて贈っていると楽しそうに語った。もちろんそれができるのは適正な生徒数にもよるが、権利の尊重とは、ある姿勢・対応が日常的に相手に届くメッセージでもある。

学校が生徒一人ひとりを大切にしているということは、生徒はもちろん父母にも伝わる。大人は、権利の実現というと、ある時点での権利の獲得、すなわち「見える利益」の獲得ばかりを考え追求しようとするが、自分は大切にされているというまなざしを生活の中で実感することも、権利の一つの姿である。この学校はそれを教えているように思う。

2　子どもの権利への誤解

子どもの権利は、多くの権利の中でもとくに誤解されやすい。それは、子どもが親・大人の保護の下、従属する存在であったからであろう。子どもの権利に対する大人の思いや考えが前面に出てしまうのである。

一九八九年、子どもの権利条約（以下単に条約という）が国連で採択され、いずれはわが国でも批准がされようという時、学校教育現場から「黒船が来た」という言葉を聞いた。

それは、子どもの権利について、長い眠りから目を醒まし、「さあ取り組もう」というより、「権利によって現場が混乱してしまう」という悲鳴だった。

今でも子どもの権利を「危険思想」と言う教師もいる。子どもの権利の正当性は認識しながらも、本音の所では、結局「生意気な子どもたちに権利を与えたらますます増長する」と考えているのだろう。

逆に、条約により「これで子どもを取り巻く状況が一気によくなる」という過剰な期待の声も聞いた。外圧に弱いわが国を意識しての声だった。しかし、現実には、状況は一気に変わるものではない。

なぜだろうか。答えは明白である。権利の原点は、私たち一人ひとりが生活の中でそれについて主体的に学び、その実現のために努力するということにあるからである。

主体的学びとは、自分の存在と生活に引きつけて、権利を読み解き、生かすことである。憲法に権利に関する条文があるから、そのまま権利保障の現実がある訳ではない。権利の保持は、私たちの「不断の努力」による（憲法一二条）。不断の学びが人権状況を変えていくのである。

実は、子どもの権利についての誤解は、子どもの福祉や教育に携わっている専門家にもある。何年か前、関東ブロック児童養護施設長研究協議会が茨城で開かれ、私はシンポジウムで「子どもの人権と福祉従事者」について報告をした。その時、「今日本では、子どもの人権（human right）と子どもの特権（privilege）が混同しているのではないか」という質問を受けた。人権を考えるとてもよい質問と思った。

しかし、その後、質問者の施設で児童への暴力事件（施設内虐待）が明らかになった。私は、あの質問は子どもへの理解を深めるために出たものではなく、子どもの人権を制約するために出たものだったのかと思い残念な気がした。

特権とは、「議員の不逮捕特権」（憲法五〇条）のように特別な利益を保護するためのものである。議員は多くの選挙民の信託を受けて当選しているから、身分の保障が何よりも優り、国会会期中は犯罪を犯しても逮捕されないのである。子どもの人権とは、特別なことではなく、子どもも一人の人間として当り前に扱われるということである。

3　大人の元気がでてくる権利の理解

権利学習の中で気づかされるのは、大人の場合すでに有している見方が正しい理解を妨げていることである。それは個人の問題であることもあるが、歴史的に形成された意識でもある。

学習会の参加者には、さらに理解を深めたいという人もいれば、率直に知らないから学びたいという人もいる。中には「今の子どもに権利なんてとんでもない」ということを言うために参加したと思われるような人もいる。

しかし、最も重要なのは、子どもの権利に関し大人が持っている不正確な知識、偏見や誤解を点検し修正してもらうことである。それは簡単なことではないが、子どもの権利の実現は大人によるところが大きい。その大人が歪んだ権利観を有していることは子どもにとって不幸である。

私が一番気になるのは、子どもの権利を強調すればするほど、逆に大人が萎縮してしまうことである。本来子どもの権利は、子どもたちが育ち、幸せになることにあり、それは当然大人の願いでもある。

ところが、なぜか子どもの権利の強調は、大人の元気をなくし、子どもたちにかかわる熱意をなくさせてしてしまう。中には子どもの権利への理解を拒否し、かえって態度を硬化させてしまう大人もいる。大人の元気が出てくる子どもの権利の理解が今求められている。

わが国では、今なお権利の理解が不充分である。子どもたちは、自分に都合のよいように権利を主張し、大人はそれに対抗するように、威圧的説教的に義務と責任を言う。

それでは接点は生まれない。子どもが育つために権利も義務も責任も必要なのである。子どもは、権利行使の主体、責任負担の主体として育つのである。

大人も子どもも権利を「自分に有利なもの」としてとらえている（「利」の文字もまた誤解を招く原因になっている）。

法的に権利とは「主張の根拠を持つ」ということである。したがって、それを実現するには主体的な努力が必要である。すなわち権利のための闘いである。正しく言えば「権利」というより「権拠」である。

子どもたちが「社会の中で権利行使の主体として育ち、自らの権利を実現する存在である」ためには、「権拠」の持つ厳しさと動的性格こそ学習の課題とすべきであり、大人はそれを教える義務がある。

4 子どもの権利を具体的に学ぶ大人の権利と義務

子どもの権利について理解するには、条約四二条「国の広報義務」の規定が大切である。条約はいくつも重要な条文を有しているが、私は中でも四二条はとても重要だと思う。なぜなら、そこには「国は、適当かつ積極的な方法で条約の原則と規定を大人にも子どもにも広く知らせることを約束する」とあるからである。英原文で、「by appropriate and active means, to aduls and children alike」と書かれている箇所はとくに意味が深い。子どもの場合、appropriate は「子どもにも分かる」という意味である。

子どもたちが条約を自分たちのものとするためには、子ども向けの訳、学習会、劇などの方法が考えられるが、大人の場合は何が具体的に求められているのだろうか。国は大人に対しても広報義務を負っている。

権利学習の方法には二つの方向がある。一つは知識から入ることであり、もう一つは日常にある事実を「人として生きる」という視点からとらえ直し権利の意味を理解していくことである。

大人は子どもと違い、しっかりとした理解力があるから知識から入ることができると考えられがちである。しかし、果してそうだろうか。私は、大人こそ具体的な事実を素材にして考える方が適切であると思う。とりわけ一定の知識を不正確に持っている大人には知識学習はあまり有効ではない。具体的な事実を素材にする学習方法、プログラムが本格的に検討されるべきである。

それでは、大人の考えを変えていく条件と方法は何であろうか。

子どもの権利について一冊の本を読んで分かることは難しい。理解は知識だけによって進むものではない。それは心理面と論理面を合わせた自己改革である。

頭で分かっていても感情として受け入れないことがある。できれば専門家を含めた少人数の参加者たちが、自分の思いを共有できる対話の場づくりが必要である。そこでは、各自が日頃持っている思いと考えが大切にされる。それを率直に語ることが認められる。そして受け容れられる。

次に、それがどのように形成されたか点検してみる。それが権利論から見て何が問題なのか、どうすればよいのかを明らかにしてみる。それを少しずつ自分のものにしていく。

他者との対話、時には専門家からのコメントが自分の内を見つめる対話となる。その過程で分かろうとする自分、変革していく柔らかい自分が生まれてくる。そして、その変革しつつある自分が、すなわち権利を実現する行動力のある自分なのである。

2　権利を分かりやすく学ぶ子どもの権利

Q　子どもたちが権利を分かりやすく学ぶにはどうすればよいのか？

A
- 子どもには、権利を分かりやすく学び、そして成長発達する権利があり、その分かりやすさが子どもたちを主人公にする。
- 子どもの権利学習は、人間についての問いを的確に作り、気づきと追求の楽しさを知ることが大切である。
- 子どもたちが、子どもの権利条約をより良い生き方をしていく大切なよりどころとして使えるよう育てることが権利主体の具現的姿である。
- 子どもたちが権利の主体者として、時間をかけながら理解を深めていく、その過程が権利の内面化・価値化である。

はじめに

1では、権利学習における大人の課題を提起した。ここでは、子どもの権利学習の方法について、私のかかわった子ども会議から、少してがかりを考えてみたい。

子どもたちは、権利について分かりやすく学ぶ権利（学習権と成長発達権）を持っている。

それは、彼らが大人に求める権利でもある。大人、社会、国はそれにこたえ、子どもを権利行使の主体としてしっかり育てる義務がある。

１　子ども会への出前講義

二〇〇二年末、水戸市の子ども会主催による子ども会議に招かれた。とても寒い日だった。翌日関東地方は、一二月にはめずらしい大雪となった。その寒さは雪が降る前ぶれだったと次の日になって分かった。だが、子どもたちはけっこう薄着で、小・中学生合わせて一二〇人が集まっていた。

私の役割は、「人間にはなぜ男と女がいるのか」「人間はなぜ戦争をし合うのか」について講義することであった。

二つとも根源的なテーマである。難しい話をそのまま話すのは簡単だが、やさしく話すのは難しい。しかし、両方とも私がずっと関心を持ってきた権利学習にかかわる大切なテーマである。いかに分かりやすく伝えられるか、工夫が求められた。

今、高校と大学の間では「高大連携」が進んでいる。今後は、さらに総合的な学習の時間の中で、小・中学校の授業にも、あるいは授業づくりの協力にも大学教員の出番が求められよう。私のテーマで言えば、「生活の中の権利学習」「子どもが育つ少年法」「規範意識と法律学習」などによってかかわることができるだろう。むしろ問われているのは、いかに大学教員が子どもの視点に立って自己改革できるか、そしてプログラム開発できるかであろう。

2　問いを作り、深めていく力

子ども会議では、まず全国子ども会連合会事務局長の宇田川光雄さんが、子どもたちと一緒に緊張を解くため軽い運動と遊びをした。私も参加した。その後講義に移った。

私は、少し難しくても基本的な問いをはっきりと出すことにした。そして、自分はどう考えるのか、自分の頭で考え、意見を出し合い、話し合うことを大切にしてほしいと伝えた。それから、まず介助犬が写っている大きなポスターを見てもらい、「犬の訓練と人間の学習はどう違うか」を考えてもらった。

子どもたちは、五、六人のグループ（異年齢の集団）になり、話し合いを始めた。そこを私と宇田川さんの二人で回り、おもしろい意見は会場に紹介した。最後に、各グループの参加者一人ひとりが大きな紙に自分の意見を書き込んだ。興味深い作品になった。

(1)　「アメーバーは考えることができない」

「人間にはなぜ男と女がいるのか」では、なぜ人間は生まれてから歩き始めるまでに一年もかかるのか、男らしさ・女らしさとは何か、なぜ男の人のことを「主人」と言い女の人を「家内」と言うのかについても考えてほしいと伝えた。子どもたちの考えは広がって行った。

一人が、アメーバーだと考えることができないと言った。宇田川さんがとてもいい意見だとみんなに紹介した。すると具体的に比較するものが出たからだろうか、議論はさらに活発になった。宇田川さんの問いかけと意見の引き出し方のうまさに感心した。

書かれた意見をいくつか紹介しよう。

「アメーバーは好きな感情を持たないけれど、人間は人を愛せる」「人間はアメーバーじゃない、一人ひとり心がある」「人間はいろいろな人がいておもしろい。みんな違うから友達になれる」「いのちはつながっている」。

時間があれば、子どもたちはさらに社会や文化の中で男と女がどうなっているか（ジェンダーの視点）、自分で選べない性別で差別されることをどう思うかについても考えを深めただろう。

(2)「平和は、青い空、白い雲、笑顔」

「人間はなぜ戦争をしあうのか」では、二つの疑問を出した。なぜ中学生はホームレスの人を襲ったのか、ひどい事件が起こると、人間を「野獣のように残酷」と言うが、それは正しい言い方か。ここでは、暴力と制御する力、平和であることを考えてほしかった。

資料として、アフガニスタンの子どもたちが、「学校に行けることが平和。『平和』なんていう言葉は聞いたことがない」と話している新聞記事（二〇〇一年一二月八日付朝日新聞）を配付した。

世界には平和を知らない子どもたちがいること、生まれた時から戦争があり、子ども兵として武器を持たされ、殺すことを学ぶこと、暴力で育てられた人は暴力を学ぶ、といったことを話した。

子どもたちは自分の思いや意見を書いた。

「子どものうちから兵隊はいやだ」「心に上手にブレーキをかけられるといい」「人は頭で考えることができ、心で考えることもできる。その『考える』の使い方で人はくらしを平和にしたり戦争に導く」「ほんとうの平和は、青い空、白い雲、笑顔だ」「戦争が正しいと教えられると、そのとおり子どもは育つ」「人間は意味のない殺人を繰り返す。野獣以下」。

このテーマでは、戦争がないことが平和という声が多かった。しかし、戦争にしない努力、平和を維持し続ける努力についても討議できればもっとよかった。

子どもたちはこの日の討議をその後どのように思い出しているだろうか。グループを回っていた時、日本も危ないと言う中学生がいた。子どもたちは戦争を心配している。

(3)「ということはどういうこと?」が論理の力を形成する

子ども会議は多くのことを教えている。

それは、大人は子どもたちの事実をとらえる感性と深める力を信頼しまかせること、子どもたちは主体的に考えることができること、しかも生活の視点から具体的に考えることができること、大人ができるのは興味ある材料と的確な問いを出すこと、そしてかかわる時は「……ということはどういうことか」と適切な投げかけが大切なことなどである。その投げかけは「問い―深め―気づき」のつながりの中で論理的な思考をつくっていく。

私たちは人権とか権利というと構えてしまう。だから、権利とは何かと問うより、人間が人間らしく誇りを持って生きることがその実体であるととらえ、そして自分には何が必要か、何ができるかについて具体的事実から追究する方がよい。

子どもの権利学習は、子ども会議のように、人間についての問いを的確に作り、気づきと追究の楽しさを知ることが大切なのである。

3 権利を分かりやすく学び成長発達する権利

(1) 子どもたちのものとしての権利

子どもには、権利を分かりやすく学び、そして成長発達する権利がある。その分かりやすさが子どもたちを主人公にする。その際、子どもの権利条約（以下単に条約という）は必須のテキストである。というより、条約はもともと子どもたちのものである。それを子どもたちは自分のものにしていくのである。

子どもたちが、条約をより良い生き方をしていく大切なよりどころとして使えるよう育てることが権利主体の具現的姿である。

権利学習の原点は、一人ひとりが存在と生活の実感から、具体的な事実に対峙し、気づき、深め、生活の力としていくことにある。そのためには、条約を自分たちのものとしていく過程が不可欠となる。

もちろんその方法は多様である。

自分たちの住んでいる地域の言葉による方言訳、子どもたちの言葉による訳、あるいは音楽、演劇、カルタ、俳句、写真アニメ、四コママンガなど、自分たちの好きな表現手段を選べばよい。テレビの「プロジエクトX」のナレーションのように短文で綴る解説もあろう。

要は、子どもたちが権利の主体者として、時間をかけながらそれについて理解を深めていくことである。その分かる過程が権利の内面化・価値化の過程である。

(2)　生活の中の実行力

歴史は、その時代の矛盾を克服し発展してきた。子どもの歴史を見ると、それは虐げられた歴史である。とくに戦争と飢餓は子どもたちの生存を丸ごと奪ってきた。それゆえ、国際社会はそれを反省し、従来の宣言から条約とし、締約国に強い遵守性を持たせた。

子どもの歴史は権利の発展の歴史である。その学びは、子どもたちに〈自分たちの今〉を振り返り、学習と成長発達の課題を明らかにしてくれる。

条約の最大の力は実践性にあると私は思う。正文である英文のタイトルも“The Child”になっている。つまり、一人ひとりの「その子」に注目しているのである。そこには、個別具体的に課題のある子どもを本気で護ろう、育てようという強い決意が込められている。“the child”は条約の中で何回かでてくる。とくに第三条「その子の最善の利益」(best interests of the child) は、一人ひとりの子どもの個別具体的課題に対し、その子の側に立って実現することを求めている。そこには事実の重さがある。

条約において、子どもは権利行使の主体である。子どもは、支配の対象から保護の対象へ、保護から権利の主体へ、さらに行使の主体へと進展してきた。しかし、不可欠なのは、権利を行使できる主体としての力の形成がなされているかである。大人のかかわりである。大人がまかせて待つ主体性をどれだけ持てるかが子どもの主体性を育むカギである。

権利には、それを知ること、理解すること、感性に高めること、そして実践すること、という段階があるが、大切なのは、言うまでもなく子どもたちが生活の中で権利の感覚を育み、権利を実現する力を獲得することである。

3 紛争論《もめごと》

総合的な学習と生徒の問題解決力

Q 生徒が問題解決の力を身につけるには、どういう学習が必要か?

A
- 重要なのは、生徒自身がトラブルを契機に対処の力を身につけていくことである。それは、もめごとから避けるのではなく、もめごとを生きる力である。
- 示談・和解のための調停役を学ぶのも現実的である。模擬調停は生徒の力になる。
- 裁判所を訪ね、具体的な事実から考えてみる。傍聴席に座って、そこで生まれる疑問を大切にする。

はじめに

生徒にとって危機管理は、生徒自身がその力を生きる力として身につけていくことである。トラブルという危機にどう対処するのか。問題解決力の形成は、「自ら課題を見つけ、考え、解決する資質と能力を育てる」という総合的な学習のねらいとも一致する。

ここでは、「総合的な学習としての危機管理―生徒の問題解決力」について考えてみよう。

1 もめごとを生きる力

子どもたちが出て行く社会は問題に満ちている。避けられないことも起こる。しかし、子どもたちの生活にももめごとは起こる。したがって、そこで大切なのは、生徒自身がトラブルを契機に対処の力を身につけていくことである。それは、もめごとから避けるのではなく、もめごとを生きる力である。

(1) 自分たちはどうか――アンケート調査グループ

問題解決力を身につけるには、どのような学習のテーマと方法があるのだろうか。調査グループをつくって調べてみよう。

まず大切なのは、生徒たちが自分自身の経験を振り返ることである。自分たちのこれまでの体験の中で、最も印象に残っているもめごとと解決について聞きとってみる。

いつ、どこで、どういう理由で、どのようなことをめぐって、どういう争いになったのか、その時自分はどうしたのか、解決できたのか、そもそも解決とは何か、質問項目をつくり調査をしてみる。無記名で自由に書いてもらうのがいい。また、親や祖父母にも聞いてみると興味深い回答が出てくる。その時代の考え方が聞けるかもしれない。つまりもめごとと日本人、時代と解決法などである。

(2) 語る力、聴く力――心の探検グループ

次に、トラブルの際、私たちはどのように心をコントロールしているのか、怒りや悲しみ、不安をどのように解消しているか、調べてみることも大切である。その方法を身につけることは心の危機管理、生きる力ともつながる大切なテーマである。

一番よいのは怒りや不安の原因を無くすことである。しかし、それがむずかしい時は視点を「換えてみる」ことであろう。どのように「換える」と自分は安心できるのか、心の専門家はどのようにとらえているのか研究してみる必要がある。

また、誰かに心を受け止めてもらう、聞いてもらう、何かで気を紛らわすことも大切であろう。「一人で悩まない」ことも生きる力である。誰かに相談を持ちかけることは、決して恥ずかしいことではなく、むしろ勇気の要る行為である。専門家は、つらい時泣くことも癒しの力という。

聴くことも力である。どうしたら相手は話しやすくなるのか。技術も大切であるが、聴く心こそポイントといわれる。それはどのようにすれば身につくものなのだろうか。聴き上手に適性はあるのだろうか。

話し手は、語りやすい雰囲気の中で、言葉を選びながら、少しずつ整理することで、もめごとを客観視しはじめ、手がかりを得ようとする。聴く側の存在と力の大切さを知ることができる。

生徒たちが、実際に心の相談室、カウンセリング研究所などを訪問し、カウンセラーにインタビューしてくることも意義がある。

2 調停制度を知る

もめごとを生きる力は、市民として社会を生きる力となるものである。「総合的な学習」の内容として、もめごとの解決方法である調停制度を題材にした実践を考えてみよう。

(1) 言葉を探索する——言葉グループ

まず、紛争と解決をめぐることばを探ってみよう。例えば、もめごと（揉め事）、いさかい（諍い）、売り言葉に買い言葉、水掛け論、泣き寝入り、丸くおさめる、根回し、村八分などが思いつく。

中には日本独特の言葉もある。由来にはきっと面白い内容が隠されているのかもしれない。根回しなどは英語に訳すとどうなるのだろうか。

法の諺にも興味のあるものがある。例えば、「和解せよ、訴訟は高くつく」「弁護士の意見もただのは価値がない」「ことばは消え、書類は残る」「判決されたことは真実とみなされる」「立証されないことは存在しない」などである。その意味の深さを探ってみよう。

(2) 主張し、そして折り合う力——調停グループ

もめごとは、兄弟の喧嘩から国際間の紛争まであらゆる場面で起き得ることである。その解決方法には、示談・和解、調停、仲裁、訴訟・裁判などがある。それぞれ特徴があるが、示談・和解が一番身近である。

学校生活においてももめごとは生まれる。いやなことつらいことが心身の危機へと結びつき、さまざまな問題を惹き起こすことにもなりかねない。

性格によっては、なかなか自分の考えを伝えられない生徒がいる。大声の人の主張が通るの

では不正義である。そのためどのようなサポートがあるのがよいのか、話し合うことは集団としてとても大切である。

「総合」の取り組みの中で、示談・和解のための調停役を学ぶのも現実的である。模擬調停は生徒の力になる。あきらめたり、八つ当たりをしたり、恨みを残すのでなく、正面からそれぞれの言い分を主張し、互いにそれを聞き、そして折り合い点を探ることも生きていく上で大切なことである。

合意が形成されたら、示談書（和解文書）を実際につくってみるのもよい。印鑑を押す意味も考えてみるとよい。印鑑とサインの違いもその国の文化である。調べる価値はある。問題の性質によっては、調停は非公開で、プライバシーを厳守するという仕組みも作る。それが法意識を育てる機会にもなる。

自分が調停役になったら、何を大切にしたらよいのだろうか。

調停者には、当事者を励ますこと、両者の意見の違いを探ること、中立の立場を貫くこと、聴き上手になり言い分をうまく引き出すこと、説教や叱責をしないこと、待つねばりと柔軟な思考を持つことなどが求められる。当事者の性格やものの考え方を知ることも重要である。両者が受け入れられる条件、折り合う点、タイミングも探らなくてはならない。

調停のコツを家庭裁判所を訪ね、調停委員にうかがうのもよい機会である。

3　裁判を学ぶ

裁判は、もめごとが紛糾して第三者の力が必要になった時、専門機関による危機管理の一つとして登場したものである。生徒が裁判を紛争解決の一手段として学習し理解する意味は大きい。

(1) 裁判所に行ってみよう——傍聴グループ

なぜ裁判は公開（憲法八二条）になっているのだろうか、なぜ傍聴は国民の権利なのだろうか。これらは国の司法の本質に関わる問題であるが、最初から知識として学ぶのではなく、裁判所を訪ね、具体的な事実から考えてみる方が生徒は関心を持てると思う。

傍聴席に座って、そこで生まれる疑問を大切にしたい。裁判官の服（法服）はなぜ黒いのか。検察官、弁護士のバッヂは何を象徴しているのか。法服の黒は、他の色に染まらないという意味から公正を表わしている。法の女神のテミス像は、剣とはかりを持ち、目隠しをしている。

それぞれは何を象徴しているのだろうか。裁判所に剣はふさわしくないし、目隠ししていたら見えない。しかし、そこには深い意味がある。はかりは、公平さと悪の重さをはかり、剣は力による貫徹、目隠しは無私を表わすといわれている。裁判官も事件を前にして迷い悩むので、決断する力を剣に込め、また肉眼では現象には振り回されてしまうので、心眼で本質を見るよう目隠しに思いを込めている。

裁判の目的についても、何を回復するかは大きな課題である。生徒たちが自分の意見を出し合えるようにする。民事裁判の目的はお金なのか、原告の提訴への思いは何なのか、刑事裁判における被害者・遺族の心は、どうしたら癒されるのか、いったい時間は問題を解決してくれるものか、何が心をふっきるのか、被害者の声を聞き、被害者支援についても学んでみよう。

(2) 自分も裁判官？——陪審員・裁判員グループ

今わが国でも司法制度改革が進んでいる。国民・市民の司法への参加が具体的な課題となっている。これは、国民・市民の危機管理への参加でもある。

私たちがアメリカ映画でよくみる陪審制度は日本にもあった。

陪審法は、昭和三年に施行され一八年まで行われた。当時陪審員に配布された『陪審手引』（復刻版、現代人文社）には、旧い字体であるが、「私共が、日本國民の一人として、その日常生活の行動に就て、冷静にこれを考へて見ますると、殆んど悉くのものが、法律に關係を持ってゐるのに驚かされるのであります」と日常生活と法律の関係を述べ、「陪審裁判と申しますのは、これを平易に簡單に言ひますならば、裁判の手續を行なふに際し、從來の專門の裁判官の外に、素人であるところの一般國民を、その裁判に參與《たちあは》させる制度であります」と制度を定義している。

「陪審員の心得」では、「豫斷は不可、心證を動かすな、辯論は冷静に聽け、情実輿論を排せ」などがわかりやすく述べられていて、中・高生は充分理解できる内容である。

歴史の事実を学ぶことで裁判を身近に感じ、主権者学習の教材にすることができよう。

さらに、二〇〇四年、国民の健全な常識を裁判に反映するため「裁判員法」が成立し、私たち国民が重大事件で被告を裁くことが現実となった。

裁判員制度の最大の課題は国民の理解である。裁判員法の第一条には、「司法に対する国民の理解の増進とその信頼の向上に資する」とある。これは、子どもたちの将来の司法参加、国民主権とかかわっている。子どもたちの学習と理解が制度の発展とつながっている。

4　つぐない論

1　つぐないを学校教育のテーマとして

Q　学校では、つぐないをどのように学習の対象にできるか?

A
・学校においてつぐないは、教育の対象として学ぶこと、また学校生活の中で起こったトラブルで実際につぐなうことの二つである。
・つぐないは、本人がどんなにつらくとも真摯にそれを行為で示さなくてはならないし、しかもそれは一回ではなく継続しなくてはならない。
・つぐないを学ぶ上で、被害者が何を求めているか、何によって癒されるのかは重要である。歳月だけで癒されるのではない。

はじめに

私たちが社会で生活していれば、故意であれ過失であれ、時には無過失であっても他者に迷惑をかけた場合、その損害に対し賠償することは当たり前のことである。法を犯してはならないこともルールであれば、損害に対してつぐなうこともまたルールである。

そこにはつぐないという社会関係における厳しい掟がある。この共通認識（法的確信）が社会を成立させている。子どもたちが成長の過程でつぐないを学ぶことは、社会規範意識、法意識、人権意識の形成とかかわって大切である。

つぐないは、刑事法上の贖罪・少年法上の贖罪教育、民事法上・国家賠償法上の損害賠償など法律の対象から誠意のある謝罪までと広い。

1　非行の心理だけでなく、つぐないにも関心を

近年、高校へ講義に出かける機会が増えた。入試の仕事の一環であるが、私にとっても貴重な経験となっている。いくつもの大学から多様な領域に関して教員たちが集まり講義をする。いわゆる出前である。「一日（半日）総合大学」といった名称で、進学への動機づけのため二年生を対象に行なわれている。

大学には高校生が通常の講義に参加するオープンキャンパスも用意されているが、高校に出かけて話すことにはまた違うものがある。

私の講義は少年非行の実態と処遇である。高校生に身近なテーマであるため関心を持ってくれる。とくに今は心理学ブームであり、非行少年の心理に興味を持つようである。

私は、司法福祉論という講義を行っている。その中で少年法の話をしているが、学生は、それを福祉学科の専門科目として履修する。

しかし、少年法を学ぶのに最も適している年代は中・高生である。なぜなら、それは「存在

にかかわる法律」として学べるからである。その際大切なのは、非行を犯す少年の心理を理解することであるが、同時に非行を犯した少年が、どのような司法のプロセスを経るのか、どのような処遇を受けるのか、そして、自らの非行についてどのようにつぐなうのかをも理解することである。事件については報道されるが、更生とつぐないについて知る機会はほとんどない。

2 学校教育におけるつぐないの学習

学校教育とつぐないの関係はどのように考えられるのだろうか。それは二つあろう。学校教育の対象としてつぐないを学ぶことと、学校生活の中で起こったトラブルなどにおいてつぐないを実践することである。

私は、学校教育においてつぐないの学習はすでになされていると思う。もちろん法的には充分ではないであろうが。それは、「総合的な学習の時間」など、また学校生活の中の多様な場面で工夫されている。むしろポイントは、いかにして子どもたちの成長発達の過程につぐないという概念と行動力を入れていくかである。

生徒にとってつぐないを学ぶことと実践することとは、とりも直さず育つことである。つぐないの学習は、確かに楽しい内容ではないが、社会生活において不可欠であり、規範を学ぶ上で積極的な意味を持っている。ここでは、少年事件を中心に考えてみたい。

(1) 事件に見るつぐない——テーマは広く、資料は多い

つぐないを考えるための具体的な資料は多い。中・高生ならば、近年の顕著な事件と裁判報道からつぐないを現実的に考えることができる。

茨城県の大洗町で起こった男子高校生による女子高生殺害事件の判決では、懲役四年以上八年以下の不定期の実刑が言い渡された（二〇〇二年一二月一九日）。少年は「一生かけて償いたい」と語り、被害者の母親は「少年を許す気にはなれないが、ずっと償いと反省を続けてほしい。いつか歳月がすべてを癒してくれると思うしかありません」と話した。「一生かけて償う」という内容は具体的に何なのか、少年には厳しく問われよう。

また、二〇〇一年年二月ハワイ沖で宇和島水産高校の実習船えひめ丸に衝突し、沈没させた米原子力潜水艦の元艦長が、二〇〇二年一二月一五日事故後初めて宇和島市を訪れ慰霊碑に献花した。

新聞は「ワルド元艦長償いの旅」と報じた。だが、遺族の大半は会わなかった。元艦長は会見の中で、「あの事故は、私の一生を完全に変えてしまった。あの胸の裂けるような事故は心に重くのしかかっている。毎日たくさんの人たちの痛みとともに一生生きていく」と述べた（二〇〇二年一二月一六日付朝日新聞）。謝罪の仕方に日米の違いもあろうが、ある遺族は「来るのが遅い。事故以来時間が止まったよう」と語った。

さらに、「文京音羽女児殺人事件」の損害賠償訴訟では、東京地裁が、賠償金の一部を両親の意向に従い、毎月二二日の月命日ごとに分割（八万円余）で払う「定期金」の形を認めた。同様なケースでは、歩道に乗り上げた車によって小学四年生の息子の命を奪われた父親が、月命日ごと三〇年間の慰謝料を求めて札幌地裁に提訴した。その際、「払うのは保険会社だろうが、振り込むたびに加害者は連絡を受ける。事件と向き合い続けることにつながると思う」と話した（二〇〇二年一二月四日・一一月二五日付毎日新聞）。

分割賠償は、「自分の罪を思い続けてほしい」「被害者のことを忘れた人生を送ってほしくない」という遺族の切なる思いから出ている。

被害者や遺族は原状回復を願う。だが、一度起こってしまったもの、失われたものは元には戻らない。新潟県柏崎市で女性を九年二カ月もの長期にわたり監禁していた事件の加害者は、刑事責任の他にどのようなつぐないを被害者と家族にするのであろうか。被害者の失われた時《と》間《き》は戻ってこない。それは金銭で代替しうるものではない。

(2) つぐないとは何か——「償い」という歌を聴いてほしいと裁判長

私は、前に述べた高校での出前講義の際、一つのVTRを見てもらうことにしている。ビデオは、東京の三軒茶屋駅のホームで、一九歳の二人の少年が銀行員を殴り死亡させた事件の判決を報道したものである。画面では、「裁判長が『唐突だが、君たちはさだまさしの【償い】という歌を聴いたことはあるだろうか。この歌の、せめて歌詞だけでも読めば、君たちの反省の言葉がなぜ人の心を打たないかがわかるだろう』と少年たちに語りかけた」というナレーションが流れ、同時に曲も流れる。

報道によると、少年たちは公判の中で「一生かけて償いたい」「自分を根本から変えていきたい」と言ったが、裁判長は真摯さを感じなかったということである。

少年法は刑罰ではなく保護を理念としている（第一条）。だが、それは少年を甘やかすことではない。保護は社会関係を遮断しない。むしろ社会の厳しさを子どもが育ちうる要素にできるよう専門家が加工するのである。つまりそこにあるのは「厳育」（「厳しく育て、それによって育つ」という関係）である。

ところで、そもそもつぐないとは何であろうか。今のように民事と刑事の責任が未分化の時代は、応報を免れるために金銭や物で刑罰の代償とした。そして、その弁償は誰かが代わってしたのではだめなのである。加害者が自ら痛みを持って行なわなくてはならない（所一彦「しょく罪と少年」『刑政』一一〇巻五号）。

したがって、つぐないは、本人がどんなにつらくとも真摯にそれを行為で示さなくてはならないし、しかもそれは一回ではなく継続しなくてはならない。実話に基づいている「償い」の曲は、この観点からすると二つの意味を持っている。一つは、加害者が何年にもわたり給料から被害者の遺族（妻）に送金をしたという事実が歌われていることである。いま一つは、「償いきれるはずもないがせめてもと毎月仕送りをしている」という一節である。

「せめても」には、全面的な回復は不可能であるにしても、その真摯さと意思力と実際の行為が具現されている。

3　被害者と癒し——何によって救済されるのか

つぐないを学ぶ上で、被害者が何を求めているか、何によって癒されるのかを認識することは重要である。歳月だけで癒されるのではない。

むろんわが国は法治国家であるから、同害同復は許されない。とすれば、まず法の適正かつ厳格な発動がある。しかし、それが不適正であるとき被害者は納得しない。当然社会行動・法行動をとる場合もでてくる。

近年、司法の判断に不満を持ち社会的に問うケースが生まれている。そして、その司法判断が国民感情とずれている場合、被害者の行動は世論の共感を得、司法を動かし法改正につながる。刑法二〇八条の二「危険運転致死傷」罪の創設（平成一三年）には、明らかに東名高速で酒酔い運転の大型トラックに追突され二児を失ったご両親の取り組みがある。常習的飲酒運転をくり返し、なぜ過失犯なのかという訴えは説得的であった。

それでは、被害者の心への支援、カウンセリングはどうであろうか。それによって救われるという人もいれば、話を聴いてもらうだけではものたりないという人もいる。金銭賠償もそれだけで満たされるものではない。交通事故での保険制度はかえって加害者の真摯な謝罪を奪っているという声もある。加害者の居直りが被害者のつらさに塩を塗り込んでいるのである。

癒しになるのは、つらさを共有してくれる人たち、事実の究明に共に行動してくれる人たちの存在であるという。

被害者・遺族は事実を知ることを求めている。それは心の整理となるからである。事件の実態はどうであったか、加害者はどのような審判を受けたのか、被害者・遺族が蚊帳の外では心の整理はつかない。この点、改正された少年法三一条の二「被害者等に対する通知」は被害者の立場に一定程度応えたものといえよう。

しかしながら、最も重要なのは加害者自身の苦しみと自己変革であろう。人間は変わらなければならないし変わることができる。加害者少年が事件に向き合い、真摯に罪の意識に対して苦しむ。そして少年がどのように変わったのかを知る。それが被害者・遺族にとって一つの納得になる。

また、被害者・遺族は、加害者少年の少年院での生活はどうなのか、心にどういう変化が生まれているのかを知りたいし、更生についても知りたいと思う。謝罪の手紙、あるいは対面などが行なわれてよいが、それには両者をつなぐ弁護士、専門的役割を担う人（コーディネーター）の存在が不可欠である。つぐないに完全はない。

そうであればつぐないは、加害者が被害者を思い、罪の意識に苦しみながらも自己変革を遂げていく過程で、被害者・遺族に対し時間をかけて理解を求めることに他ならない。

つぐないについて、生徒たちが事件の関係者から話を聞いたり法律の専門家に尋ねたり、制度の歴史や課題を調べ、具体的な解決策を考えることは有効な法学習であると思われる。

2 つぐないの教育と実践へのヒント

Q
つぐないは、子どもにとってどういう意味を持つのか？

A
- つぐないは、子どもにとって成長発達の要素である。
- 学校生活においては、つぐなう行為はもちろん、つぐなおうとする心と姿勢、あるいは被害者のつらさ、喪失感に寄り添おうとする気持ちの育成がつぐないの学びである。
- 中学生の年齢であれば、つぐないを社会関係における法行動の実現として学べる。
- 子どもたちには、知識として法規範を覚えさせるのではなく、遺族や親の思いを感情として受け止められるような学習の工夫が重要である。

はじめに

1では、つぐないを学校教育のテーマ、生徒たちの学習の課題として考えてみた。ここでは、つぐないを学校生活における生徒の育ちの視点から考えてみたい。

つぐないは、子どもにとって大切な成長発達の要素である。それは、決して否定的なものではない。いくつか教育実践につながるヒントも出してみたい。学校生活で工夫できるものかどうか、現場の目でとらえてほしい。

1　人間だからできる

まず、つぐないについて、次の二つのことを大切にしたいと思う。

一つは、つぐないにはつぐなえないものがあるということである。

ある庭師さんがこんな話をしていた。初めて仕事に行く家はとても気を使う。それは人ではなく木のことである。というのは、専門家の目から見てあまり価値のない木であっても、その家の人たちにとって特別な木があるからだという。つまり記念の樹木である。それをあまり価値がないとして切ってしまったら取り返しのつかないことになる。同じ木を植えたからといって済むものではない。家人の気持ちはおさまらないだろう。

もう一つは、つぐないは人間だからできるということである。

阪神淡路大震災は多くのものを奪った。もちろん最大のものは命であるが、同時に被災された方たちにとってつらかったのは、アルバムや位牌やペットの喪失であった。それらは、記念のものであったり、代替しえないものである。とくに写真などは二度と同じ物を撮ることはできない。そこにはたくさんの思い出がある。その喪失感は大きい。

しかし、震災を起こした自然は、人間に対してつぐなうことができない。だから、人間は自然の恩恵を受ける一方で、災害に遭った時、「自然は時には牙をむく」と言ってあきらめるのである。だが、人間はつぐないができる。

つぐないは人間に与えられた能力である。人間は和解し得るのである。このことを子どもたちに伝え、その力を形成する責任は大人にある。つぐないは子どもにとって成長発達の要素である。

2　つぐないを育ちの力に

学校生活の中でもさまざまなトラブルが起こる。それは集団として当然である。大切なのは、それをどう子どもたちの成長発達につなげられるかである。

わざとではないにしても、不注意が結果的に相手に迷惑をかけてしまうこともある。不用意な言葉が人の心をひどく傷つけてしまうこともある。被害や損害が生じれば、それはつぐないの対象である。もちろん些細なことまですべてを法の対象にすればよいと言っているのではない。また、子どもには賠償しえるものとし得ないものもある。誤って割ってしまった窓ガラスは小遣いで弁償しうる。しかし、高額なものはそうはいかない。

つぐないは、法概念としては違法・不法な侵害に対する弁償・補償であるが、学校生活においては、つぐなう行為はもちろん、つぐなおうとする心と姿勢、あるいは被害者のつらさ、喪失感に寄り添おうとする気持ちを育成することが、生徒にとってつぐないを学ぶことであり、成長発達であり、社会を生きていく力の形成である。

仲直りや関係の修復（和解）をする際には、率直・迅速で、誠意のある言葉と態度による謝罪が、トラブルを長期化、深刻化させない法行動であることを子どもたちも学習する必要がある。つぐないを責任の割合やかけひきの世界のことにしてはならない。

中学生の年齢であれば、つぐないを社会関係における法行動の実現として学べる。落書きや校舎破壊は、法的には器物損壊罪に当たるが、重要なのは、それが快適な学習環境の破壊であり、また修理は税金（私立の学校であれば保護者の納付金）からの拠出であるということである。そこには、公共性という厳しい社会関係性がある。

つぐないは被害者に対するだけのものではない。社会関係性から言えば、校舎破壊の修理は加害者生徒に義務付けられてよい。同時に、社会へのつぐないとして地域への奉仕が求められてよい。

生徒の行為の背景にあるものへの共感と理解は大切であるが、同時に生徒が育つためには、社会関係の理解とかかわりが必要である。受容はしても許容はしてはならない。

3　つぐないは、心理学のテーマか、法律学のテーマか

心理学は、なぜ人は犯罪・非行を犯すのか、何が人を犯罪・非行に走らすのかは研究してきた。しかし、どうしたらつぐないの心は生まれるのか、どうしたら和解しうるのかについてはあまり研究のテーマとはしてこなかったように思われる。なぜであろうか。

つぐないは、もともと法的な効果としての行為、つまり金銭や物による賠償であり、心のあり様やその表現としての謝罪ではないからであろうか。また、それは少年院、刑務所における矯正教育の固有な課題であり、心理学のテーマではないからであろうか。つぐないによる真摯な自己改革、被害者の納得と癒しについて、私は大いに心理学のテーマにしてほしいと思う。

ある家裁調査官は、その変化の過程を一人の少女の体験を通して述べている。

真の罪障感は心の中に強い感情の揺れが伴う。そして、それを定着させるには、自己を振り返ることと社会的なかかわりが必要となる。それが社会奉仕活動である。そこで、その少女は他の少年たちと共に、老人ホームで介護補助の活動をする。お年寄りとのかかわりの中で、社会の一員としての自覚を深める。この種の活動に参加した少年たちの再犯率は低い。

これは、非行少年の自己イメージの改善、社会的経験の広がり、他者への共感性につながるからである（梅下節瑠「家庭裁判所の『社会奉仕活動』」『少年育成』平成一三年三月号）。

福祉体験はかかわりの学習である。高齢者とふれ合うことによってつくられた新たな自分の目で、自分を再認識し再評価する。そして、社会的に有用な自分を知ることになる。つぐないは心理学と法律学の共同のテーマである。

4 教育実践へのヒント

(1) 被害者・遺族の伝える力と感情として受け止める生徒の力

ここに一つの記事がある。一五歳の長男の命を少年九人の集団暴行で奪われた母親が被害者支援のNPO法人をつくり活動をされている、という内容である。

私が感動したのは、その母親が全国で初めて少年院で講演をされたという箇所である。それは贖罪教育の一環としてであるが、記事には「紺色の作業服姿の少年二二人の中に、一人だけ目付きの鋭い少年がいたが、講演を終えると少年の表情は変わっていた。母親は、刺激的な言葉は避けて、音楽と動物が好きな子であったこと、変わり果てた遺体を目にしたときのことなどを話した」と書かれている。「少年がなぜここにいるのか、退院して何をなすべきかを考え、私の話を自分自身と重ねて欲しかった」ともある（二〇〇三年一月八日付朝日新聞茨城県版）。

また、東名高速で飲酒運転のトラックにより二人のお子さんの命を奪われたご夫妻も、高校でこれから免許を取る生徒たちに命の大切さを話されたという。

これらのことは、子どもたちに知識として法規範を覚えさせるのではなく、遺族、親の思いを感情として受け止めながら規範を学ぶことの重要性を示唆している。生徒たちは悲しみやつらさを具体的に人の表情と一緒に記憶するのである。

今、犯罪被害者・遺族の方々は社会的に活動されている。最近も「生命のメッセージ展」が東京の永田町で開催された。学校は工夫すれば犯罪被害者・遺族の声を生徒に伝えることができる。犯罪・非行は、結局加害者も失うものが大きい。未然に防げることが少年にとっても社会にとっても利益となる。

(2)　被害者の司法参加

世界には被害者が訴訟に参加できる国もある。被害者が検察官と同様に質問をし、意見を述べることができる。代理人も求刑ができる。それが被害者の権利なのである。

かつては、言葉は悪いが被害者も一つの「証拠品」だった。しかし、被害者の参加が被害者自身の回復と加害者の再犯防止・更生につながるという理解からその制度は生まれた。参加は加害者を真摯にさせる。

加害者の人権とは微温的な空間をつくることではない。贖罪のために気づきの場をつくることである。被害者の思いが立ち直りにつながる工夫が求められる。

(3)　教育における修復モデル――「修復的司法」から

加害者少年の親が、事件後その土地にいられず引っ越しを余儀なくされることがある。その際、「私たちも被害者」と思わず言ってしまう。それがさらに被害者・遺族の心を逆撫でし、社会の反感のもととなる。他方、社会の側にも排除は制裁であるという意識と目がある。これはよくない。どのように解決したらよいだろうか。かぎはつぐないへの理解と実践にあると思う。

アメリカでは、修復的司法（リストラティブ・ジャスティス）という制度が実践されている。加害者と被害者・家族、そして地域住民が参加して、被害の回復に向けて話し合うのである。更生の段階まで被害者が参加する。加害の少年に社会への寄与についても約束させる。加害者の社会復帰には住民も不安を持つ。それが見えないところから生ずるのであれば、フェイス・トゥ・フェイスの関係で三者をつなげた方が社会の利益にかなう。そこにあるのは「参加と対話と変革と創造」である。参加と試みと工夫の国・アメリカは、犯罪も多いが、また試みにも柔軟である。もちろん、それらが成立するには条件と段階が必要となる。

すなわち、ファシリテーターという進行役の存在、妨げられずに充分に自分の意見が言える時間、各自の気持ちが受け止められる雰囲気などの条件が必要であり、意見を交換し分かりあえる段階、被害の回復と立ち直りのためにできることを提案し合う段階、合意を文書で確認する段階、さらに実行を確認するための段階がある。

これらは、とりも直さず心理学と法律学との共同の取り組みである。当事者同士が向き合い、専門家（カウンセラーと教育弁護士）の力を借りながら解決していく。そして子どもたちは育っていく。

第5章　親の力を理解する

I

「親責」論

機能しない「親権」をどう理解すべきか

Q　「親権」を実践的に理解するとはどういうことか?

A
- 子どもが育つには、具体的な親の教育権限論の発展が必要であった。
- 親には親の意見・価値観を述べる権限がある。それは、むろん子どもを支配することではない。親の意見とのやりとり、時には対立のなかで、子どもは具体的に考え判断し決定し実行する。
- 親は親の立場から自分はこう思うということ（価値観）をしっかり伝えなくてはならない。それが監護教育責任の実体である。
- 「親権」の実体は、親に与えられた権限であり、責務である。その意味で、私は「親責」と言いたい。
- 親の責務の視点から、監護教育責任（民法八二〇条）の具体的な法内容を、親が自信をもってわが子の成長発達にかかわれるよう豊かにすべきであると考える。そこに最優先すべき三つの実践が考えられる。

はじめに

子どもが問題を起こせば「親のしつけ・教育はどうなっているのか」と言われ、虐待事件が発生すれば「ひどい親だ」と言われる。他方、親の権威を取り戻さなくてはならないと力の復活の声も大きくなる。

子育て論や家庭教育論はますますはなやかであるが、なぜかその法的根拠となるとほとんど言及されない。子どもをきちんと育てるためには、親の権限についての理解が不可欠である。なぜ「親権」は、日常の親の子育て意識と行動に結びついていないのだろうか。というより、そもそも「親権」について私たちはどう考えるべきなのだろうか。

親たちは、何が親の義務・責任なのか、具体的でわかりやすい理解を求めている。

1 親の「意見表明の権限」

二〇〇二年の夏、関東地区高等学校PTA連合大会茨城大会に参加した。私は、研究者の立場から規範意識について問題提起をした。

フロアーから有意義な意見が多く出され、刺激を受けた。戦後の日本社会の問題点を直接私に質問された方もいた。原理的なことを考えさせられた会でもあった。

頭髪と校則も議論になった。「言ってもしょうがないから」とあきらめる声もあった。「親は何ができるのか」との問いもあった。

他方、子どもに自分の意見をしっかり伝えている父親がいた。「そんなに不満なら」と校則の改正をわが子に提起した母親もいた。外国へ行った子が髪を染めようとして、その国の人から叱られ、かえって日本人と黒髪を意識したとわが子の経験を話してくれた親もいた。元気な親の声を聞き安心もした。

親の立場から、言うべきことをあきらめず伝えている親たちがいる。それは、後述するように親の「意見表明の権限」の実践である。

2　自由の前で腰が引けた親たち

(1)　欠けていた親の教育権限論

わが国は自由を社会の価値としてきた。個人の生き方に関しても、「他者の権利を侵害しなければ、法的介入は控え、本人の自由に任せる」というものである。それが私たちの判断と行為の基準であった。しかし、子どもの成長発達に関し、親はそれでよいのだろうか。

親たちは子育てに自信を失い、戸惑っている。自由論に立ち向かえないのである。「人に迷惑をかけていないから」と子どもたちはあっさりと言う。わが子と対立する気まずさも親にはある。「友達親子」像にとらわれ、もの言わぬ親がもの分かりのいい親になってしまう。それは、自由が間違っていたからではない。重要なことを欠いていたからである。つまり、子どもが育つには、同時に具体的な親の教育権限論の発展が必要なのであった。そこに子どもの自己決定力の育成という実践も入っていた。何が親の義務・責任なのか、実践論が必要なのであった。

(2)　子どもの前に立ちふさがる

子どもの自主性を育てるとは、何も言わないことではない。親には親の意見・価値観を述べる権限がある。

それは、むろん子どもを支配することではない。親の意見とのやりとり、時には対立の中で、子どもは具体的に考え判断し決定し実行する。そして反省もする。そこで責任を負える存在へと育っていく。

頭髪や服装について、親は自分の美意識や品性観、不快感を伝えるべきである。明らかに自分の美観と違っていればノーと言う。考える材料はしっかり提起する。子どもの前に立ちふさがるものがないのは「のっぺらぼうの自由」である。

確かに、親が言ったからといって、子どもが受け入れるとは限らない。頭ごなしに言えばかえって反発もしよう。しかも、ファッションにかかわることはやってみたい年頃もあるし、好みもある。しかし、それでも親は親の立場から自分はこう思うということ（価値観）をしっかり伝えなくてはならない。それが監護教育責任の実体であろう。

3 「親権」から「親責」へ

(1) 親の権限論は深められたか

現行民法典をみると、親族編に入り雰囲気が変わる。すなわち、カタカナ混じりの条文からひらがな混じりの条文に変化する。

戦後の新しい憲法の下で家族観が変わったからである。だいぶ親しみを感じる。しかし、内容の理解となると、残念ながら「親権」と現実の子育て理解とはつながっていないのである。

例えば、冒頭の頭髪問題に関しても、親と学校の校則とのかかわりはどうか、いじめを受けている子どもの親は、いじめる子どもとその親に対して何ができるのか、学校に何を求めることができるのか、不登校児の親のわが子に対する義務は何か（これらは家族法と教育法との接点にある共同のテーマである）、さらに懲戒についても、児童虐待防止法第一四条の「しつけ」とどうかかわるのか、親は何をすべきなのか（これらは家族法と児童福祉法法との接点にある共同のテーマである）などである。

親がわが子との日常のかかわりにおいて、常に法を意識するものではないにしても、主要なところで自己の判断と行為が子どもの成長発達において、どのような法的権限を有し責任を負っているのかという自覚と認識と理解はきわめて重要なものがある。

この意味で、親の権限、責任に関する研究の深化が不可欠である。家族法学に対する期待は大きい。

(2)　監護教育責任の内容を豊かなものに

「親権」の実体は、親に与えられた権限（英語でいえばauthorizeの意味）である。親の役割は放棄できない。したがって、権利ではなく責務である。その意味で、私は「親責」と言いたい。

しかし、それは決して親だけに全責任を負わせ、追い詰めるということではない。「親責」論は、親ができること、しなくてはならないことを明確にするのである。

子どもの権利条約は、親に子どもの養育と発達ための第一次的（primary）責任を明確にしている（一八条）。それは、同時に子育ての社会化を求めるということでもある（同条）。

「親権」は、民法八一八条の「成年に達しない子は、父母の親権に服する」を根拠としている（これは明治民法で登場した法概念である）。私は、その「服する」という支配的問題性も含め、機能しない「親権」はなくすべきだと思う。
むしろ、親の責務の視点から、監護教育責任（八二〇条）の具体的な法内容を、親が自信をもってわが子の成長発達にかかわれるよう豊かにすべきであると考える。親たちもそれを望んでいる。
さらに、居所指定権（八二一条）、懲戒権（八二二条）、職業許可権（八二三条）も子育ての実体に合わず不要であると思う（懲戒権については「規範意識論」「叱正論」参照）。関心のある読者はぜひ各条文をご覧いただきたい。
「親責」論からみて、今必要なのは、以下の三点とそれらの関係を明確にし、前述したようにそれらの内容を豊かにすることである。すなわち、
第一に子どもは親の適切な養育と教育の基に成長発達する権利を持っていること、
第二に親は子どものために適切に監護教育する責任を負っていること、
第三に国と自治体は子どもの発達と子育て支援のために責任を負っていること、である。

4　親の三つの実践

「親責」論からすれば、具体的に親はわが子の成長にどういう責任を負っているのであろうか。今、親の子育てには多くの情報が入り過ぎ、かえって何が大切か優先順位が見えなくなっている。

ここでは、子どもの立場から、まず最優先すべき三つの実践について述べたい。

①体をつくる

親の役割は、何といっても子どもの体づくり・体力づくりにある。それは生命、生存の基本である。端的に言えば、「教育する親」ではなく、まずしっかりと「朝食をとらせる親」である。とくにカルシウムを多く摂らせる朝食は成長期に欠かせない。これが脳の働きと密接である。体力が「脳力」となる。

このことは、子どもが幼い時から親の責務として習慣化しなくてはならないことであろう。現在「食育」の大切さが指摘されているが、その基本も日常積み重ねられる家庭の食事にあろう。

ある保育園では、朝食を食べてこない園児のために食事を出している。それに対しては、ますます親をだめにするという批判もある。しかし、私は、子どもが朝食の美味しさ、大切さを知り、親に要求するかもしれないし、それにより親も気づくかもしれないと考える。例え気づくなくても、子どもの成長発達権に立ち、できるところからやっていくことが大切であろうと思う。

②心を育む

今、親の関心は勉強にあり、「もっともっと」と勉強を急かせている。子どもにとって家庭は何よりも心の安定の場である。どんなことがあっても家では全面的に受け入れられるという存在の安心感が不可欠である。いわば、「もっとよりホッと」である。

成績に向けたまなざしや言葉より、丸ごと自分は受け止められているという心の安定が子どもに安らぎを与え元気にする。そのために親は、子どもの言葉を聞くのではなく、じっくりと心の言葉に耳を傾けることである。子どもの言葉にすぐに反応し、「そうは言っても」を連発することは避けたい。

③善悪の基準を示す

毎日の生活の中で、つい親の「小言」は多くなる。言う方も言われる方も嫌になっている。逆に、何はさておいても子どもに迫らなくてはならないことは放置されがちとなる。

すなわち、善悪にかかわることである。ここぞという場面では、一歩も引かず「大言《おおごと》」を言わなくてはならない。そのため、親は物事に大小を付け、小さなことは子どもにまかせることであろう。だからこそ「大言《おおごと》」が生きてくる。

さらに、もう一つ付け加えたいのは、親が子どもに本物文化に触れる機会をつくることである。それは、一つの感動体験であるだけでなく、確実に本物を見る目を育てていくからである。

2　しつけ論

今日的な問いについて考える

Q
今日の社会において、しつけはどのような問題を持っているのか？

A
- しつけという言葉は、それだけで了解してしまう、いわば思考停止の働きを持つ。
- しつけか虐待かは子どもの側から見ないととらえられない問題である。
- しつけは、子どもが生活の中で困らないよう、親の判断と責任において基本的なことがらを幼いうちに繰り返し身に付けさせることである。
- しつけには要点がある。だが、細部に渡るマニュアルはない。あるのは親の持ち味でそれらの要点を工夫することである。

はじめに

地域で子育て中の親と学習会をしていると、同じ質問を受けることがよくある。最近はしつけについて聞かれることが多くなった。しかも、虐待の問題と関連してである。私も悩みながらの子育てであったと言うと、だから聞きたいと言ってくれる。

しつけは古くて新しいテーマである。だから、その問い自体が時代と社会を反映する。今日の問いは、明らかに今のわが国の子育て状況を映し出している。そこには、しつけという問題をどうとらえればよいのか、混迷する親の姿がある。その意味では、しつけも危機だが、しつけ論も危機なのかもしれない。

1 里親大会に参加して――親子をめぐる真実と事実

二〇〇二年の夏、関東ブロック里親研究協議会茨城大会に参加した。私の役目は、パネルディスカッションのコーディネーターであったが、親子関係についてとくに次の二つのことを考えさせられた。

一つは「真実告知」ということである。それは、里親が生みの親のことを里子に伝えることを言う。告知とは冷たい響きを持つが、それ以上に「真実」ということばが気になる。そこでは、生物学的なつながりを「真実」と言っている。

しかし、私には子どもを引き取り育てる、あるいは育ててきたというつながりこそ真実ではないのかと思える。むしろ血縁の関係は「事実」と言うべきではないだろうか。

親子間のつながりは、というより人間においては、生んだという事実よりも育ててきたという生活の積み重ねに真実があるのではないのだろうか。

もう一つは、里子にかかわりながら、里親の方も力をつけているということである。里親になるぐらいの人だから、子育ての力は最初から持っているのではないかと思われがちである。里親にところが、かえって「しっかり育てなくては」という気負いと、きちんと育って当然という社会のまなざしもあり、内面的には孤立しているという。だからこそ、里親への心の支援が不可欠なのである。

とくに里子も思春期になれば、自分のルーツを知りたい（出自を知る権利）と思うし、親探しもする。むろん里親も悩む。しかし、大切なのは子どもの気持ちを受け止め懸命に聴くことであるという。

パネリストとして出席された里子の方は、すでに成人し福祉職に就いている社会人であったが、「里親に実子と分け隔てなく愛されているという実感が自分の支えだった」と話された。そして、「いけない時は本気で叱ってくれた」とも語った。

2　家庭は教育か養育か――体と心の栄養とは

しつけという言葉は、生活の中で多用されながら意外に内容の検討がされない。子どもが問題を起こすと、親のしつけが悪いと言われる。親は責任を感じ黙ってしまう。そして、多くの人もそうだと納得してしまう。

親のしつけのどこが問題でどうしたらよいのか、あまり掘り下げられることはない。しつけという言葉はそれだけで了解してしまう、いわば思考停止の働きを持つ。

また、内容を検討してみても簡単ではない。というのも、そこには各人それぞれの思いが入る多様性があり、時代と社会に規定された歴史性があり、さらに国によって何を大切にするかという文化性もあるからである。

例えば、わが国ではあいさつや基本的生活習慣を大切にしたいとするが、欧米では責任感や善悪の判断力を大切にする傾向があるといわれる。だからこそ私は、一定の共通したことががしつけ理解の前提には必要であると思う。

しつけは、学問的に言えば「社会化（socialization）」ということである。それは、子どもが生活の中で困らないよう、親の判断と責任において基本的なことがらを幼いうちに繰り返し身に付けさせることである（要点については後述）。

子ども自身からしても、また子どもの成長という点からしても型があった方が生活しやすいし育ちやすい。生活の基本的習慣やあいさつなどは生きる上で型（モデル）となる。後はそれを基礎に積み重ねていけばよい。

歴史的にみれば、家族が持つ機能の多くは「外注化」されてきた。親が学校にしつけを期待したのもこれによる。だが、そこで親は逆に教育に熱心になった（「しつける親」ではなく「教育する親」となった）。私は、今だからこそ「家庭教育」という用語はやめて、「家庭養育」の考えを原点に親の役割を限定化すべきと思う。

養育の対象は体と心の基礎を作ることである。そのためには体と心に充分な栄養分を与えることである。しつけは、その意味でとても重要な社会的な栄養分である（「親責」論、参照）。

3 しつけと虐待の境界

子どもへの虐待が問題になっている中で、親は何が虐待で何がしつけかを知りたいと思うようになった。虐待と非難される前に、しつけと虐待の分かれ目を知っておきたいのである。子育てに自信をなくしている親はとくにそういう気持ちになるだろう。

だが、これは後向きの考えである。こういう状況に最近の親を追い込んでいることこそが、今日の子育ての危機である。とにかく元気が出てくる子育て情報は少ない。

明らかな暴力はいうまでもないが、法は幼い子どもを守るために、また適切な成長発達を保障するため、虐待の概念に言葉による暴力、養育の放棄（ネグレクト）をも含ませた（二〇〇四年の改正では「配偶者への暴力」も入れた）のである。

しつけと虐待の境は土地の境界のように明確ではない。判断が微妙なものについて、逐一明確な境があるわけではない。どんな言葉が暴力になるとか、何日風呂に入れないと虐待になるとか、どのような叱り方は虐待になるとか、その境界を見極めて子育てをしようとするのは転倒した考えである。また、その知識があるからといってきちんとした子育てができるわけでもない。

大切なのは、子どもを愛する力、子どもの育ちを柔軟にとらえられる子ども理解、子どもへのかかわりが行き過ぎの時それに気づき修正する力、悩んだ時人に話しを聴いてもらう力、孤立せず社会サービス、子育て支援を活用する気持ちなどである。その中で虐待知識も生きてくる。

しつけと虐待の関係でむしろ親が知っておくべきことは、親はどんなにひどい行為であっても「しつけ」と言って弁明すること（司法が評価の対象とするのは、親の考えではなく客観的な行為と結果である）、虐待は繰り返され次第にエスカレートしていくこと、そして何よりもしつけか虐待かは子どもの側から見ないととらえられない、ということなどである。

親がしつけと言っても一時の感情で怒鳴られたり殴られたりしたのでは子どもは理解しないからである。しかも、子どもは自らを守れないのである。それは、幼ければ幼いほどそうである。虐待の中心の課題をしつけとの境界に持って行くことは、問題の本質を見えなくする。

4 ほめて育てろは難しい――加点主義と減点主義

子育てトークなどで親たちが話している。「育児書を読むと、専門家はほめて育てろと言うが、実際は無理。それは理想なのだろうか」。

確かにいつもほめてばかりはいられないのは当たり前のことである。悪いことをしたのにほめていたらおかしなことである。子どもだってあの時本気で叱ってくれてよかったと言っている。親にとって大切なのは、ほめるということの意味をまずしっかりと押さえること、そして、叱ることは限定し、叱り方に留意するということである。

ほめることとは、もともとエンパワーすることである。お前はこうだと決めつけ、人格を否定すれば、どうせ自分はということになる（「ラベリングと自己定義」。私はそれをわかりやすくするため「3つのD」と言っている。すなわち「どうせ、ダメなら、どうなっても」である。この気持ちが自分をだめにしていくからである）。

親や教師は子どもに対して影響を持つ。その人からの言葉である。それは、おおげさにいえば予言者的な意味を持つ。本来叱ることとは、自分を正したいという力につながっていかなくては意味がない。あなたのことを信じているというまなざしと言葉と心、そして自分にはこれがあるという誇りと自己定義が自分を高める前向きの力となっていく。

ノーベル化学賞を受賞した田中耕一さんが、国の総合科学技術会議で「減点主義より加点主義を」という話をされたのも同じことであろう。いや、それはほめることの下手な日本社会を指摘したのもしれない。減点主義では失敗を恐れるあまり萎縮してしまう。そこから創造は生まれない。

加点主義は自由な中で発想を豊かにする。時代が閉塞状況にある時、加点主義は打開の道を拓くエネルギーとなる。

5　しつけマニュアルがほしい――工夫を忘れるハウトゥ社会

情報が増えれば増えるほど、なぜかハウトゥ化、マニュアル化が進む。親は、簡単にできすぐに成果の見える子育てマニュアルがほしいと言う。確かに物事にはすべてポイントがあるからしつけにも要点はあろう。

だが、細部に渡るマニュアルはない。あるのは親の持ち味で要点を工夫することである。むしろ子どもは、その工夫する姿勢に親の真剣さ、愛情、説得力を感じるのである。

しつけの要点は五つあると思う。

①重要なことにしぼる。あれもこれもはだめである。少ないからこそ価値がある。

②その場でやる。後では実感がなくなるし、子どもも大したことではないととらえてしまう。どこであろうと誰がいようと、いけないことはいけないと教えることである。

③同じようにやる。くりかえしと一貫性が納得させる力となる。

④分かりやすく手本を示す。論より行為である。

⑤叱るとほめるをめりはりつけて行なう。しっかり目を見て毅然とする。その際、親は感情をコントロールする。といって、言葉だけで執拗に長い時間繰り返すことは意味がない。子どもに、その行為のどこが悪いかを伝え、子どもの人格は否定しないようにする。

3 虐待論
子どもの発達阻害と社会的損失

Q 子どもにとって虐待とは何か？

A
- 虐待問題の深刻さは、子どもの心の傷と発達という動的な点にある。失われる最大のものは子どもの生命であるが、将来にわたる健全な心の発達の阻害は多くの問題とつながって大きな損失を生む。
- 虐待という親からの暴力の学習は、子育て・しつけの誤ったモデルの獲得となり、その修正は充分な愛情の獲得でしかなしえない。
- 子ども虐待を未然に防ぎ、また起ってしまったとしても早期に適切に対処し、その影響を最小限に抑えることが本人にとってはもちろん、社会にとっても利益にかなうことである。

はじめに

子どもへの虐待が社会問題化するにつれて、虐待に対する社会の理解も進んできたように思われる。児童相談所への通報（通告）が増えているのは、その現れともいえよう。しかし、その一方で注意しなくてはならない意識も生まれている。すなわち、虐待を法律の対象、とくに犯罪として厳しく罰すべきとの声である。その声は、事件がひどければひどいほど大きくなる。だが、今私たちがしっかりと見据えるべきことは、虐待による子どもの発達阻害（とくに心の傷の深さ）とそれから発生するさまざまな社会的損失の大きさである。

1 ネグレクトと殺人罪

二〇〇二（平成一四）年一〇月三〇日、名古屋地裁で子どもへのネグレクト（養育放棄）を未必の故意による殺人であるとし、両親に懲役七年（求刑一二年）を言い渡した判決があった。異例の判断である。

裁判長は、「三歳の女の子が極度にやせ細り、医師による治療を受けさせずに放置すれば死亡すると認識しながら、親族や医師の叱責を恐れ、適切な食事を与えず放置した」点を重く受け止め、「餓死を積極的に防止しようと行動した形跡は全く認められず、未必の故意は明らかだ」と述べた（二〇〇二年一〇月三一日付茨城新聞）。

子どもは自らを守れない。幼ければ幼いほど全存在を親に預けている。この判決は、その意味で、次の二点において虐待事件の本質をとらえたと思われる。

一つは、ネグレクトという見えにくい消極的行為に重大な侵害を認めた点であり、今一つはそれに関して未必の故意を問うた点である。

虐待刑事裁判においては、検察官が子どもの人権の側に立つ。したがって、子どもの虐待と人権について本質的な理解をしていなければ裁判は闘えない。本件において検察は、逮捕容疑の保護責任者遺棄致死罪ではなく殺人罪を適用した。

冒頭陳述の「犯行状況」の中で、「M（筆者注＝母親）は、被害者がこのままでは死んでしまうと考え、C（筆者注＝父親）に『そろそろやばいんじゃない』と言ったが、Cから『うん』などと言われたことから、Cもこのまま放置すれば被害者が確実に死亡することを認識していると感じ、Mもこのまま死んでも構わないと考えた」と殺意があったことを詳述した（筆者注：親の実名は避け、イニシャルにした。なお、判決は「殺人の共謀は暗黙の了解」とした）。

2　刑事罰を期待する社会意識の危険性と刑法の機能

犯罪類型を記した刑法に「虐待罪」はない。刑法上虐待は、暴行、傷害・同致死、保護責任者遺棄・同致死罪などに該当する。刑法が担っているのは、国家刑罰権の発動として犯罪者に対する適正な刑罰を科し社会秩序を維持することである。

そして刑罰は、当人が再び犯罪をしないこと（特別予防）と一般社会の人々が犯罪をしないこと（一般予防）に向けられる。厳正な刑罰は、被害者・遺族の感情はむろん、社会感情の鎮静化に寄与する。

しかし、もとより刑事裁判とその処罰で虐待事件のすべてが解明され、解決されるわけではない。社会は、悲惨な事件が報道されるとひどい親を犯罪者として処罰し安心するという意識を持つ。だが、いくつも重要な課題が残る。というより、虐待事件は子どもの保護・育成の問題として、刑法以外で問われる問題の方がはるかに多い。

前出の事件の場合、親の再犯の可能性は低いであろうが、適切な精神的なケア（場合によっては治療）が必要となるかもしれない。また、大きな問題は、子どもの人権の観点から見て、残された長男と生まれてくる子（母親は妊娠中であった）の養育の保障である。

事件の背景と対応についても大きな課題が残った。すなわち、被害者の子どもに発達障害があったことである。

検察の冒頭陳述によれば、「急性硬膜下血しゅにより頭部の手術を受けた。医師から発育が少し遅れるかもしれないと言われ不安を抱くようになった。言葉の発達の遅れに失望し、育児の意欲が薄れた」といった事実が指摘されている。児童相談所は虐待の情報を有しながら結果的に死を防げなかった。援助体制の不備が指摘されている。

二〇〇〇年五月に成立した「児童虐待の防止等に関する法律」（法律第八二号）は、すでに存在する法制度が実質的に機能するために、虐待にしぼって実務が動けるよう法的根拠を明確にしたものである。これも一つの大きな進展であった。

しかし、親子間、家庭という密室において潜在化する子ども虐待（その点では高齢者虐待も同じ）に対応するには、さらに顕在化させるシステムの確立、専門家の的確な判断と迅速な動きと連携、そして社会の啓発が必要である。

ところで、通常、刑事裁判で解明できない時は民事裁判がある。それは、不法行為によって権利の侵害を受けた被害者が、加害者である行為者に損害賠償を請求し、同時に刑事裁判では明らかにしえない問題点を問う裁判である。むしろ、裁判の中には社会的に問うために民事訴訟を提起するケースもある。

だが、虐待事件では加害者が親であり、被害者は子どもである。子どもが親の不適切な養育をめぐって訴え、その問題性を明らかにすることはありえない。社会も法も親子をそういう関係としてとらえていない。しかし、ほんとうに虐待による民事訴訟は成立しないのだろうか。子どもが代理人を立て、親の暴力とそれにより失われた健全な成長を問うことは理論的にはありうる。

3　虐待の波及性と社会的損失

虐待問題の深刻さは子どもの心の傷と発達という動的な要素に関係している。失われる最大のものは子どもの生命であるが、将来にわたる健全な心の発達の阻害は多くの問題とつながって大きな損失を生む。法的にいえば明らかに「逸失利益」（得べかりし利益）である（認定には因果関係が問題になろうが、精神科医の役割が大きい。その際テーマとして出てるのが［虐待とトラウマ］であろう）。

小児精神科医は、虐待を受けた子どもは虐待をする親になる（ことが多い）と「世代間連鎖」の問題性を指摘する。しかし、虐待の傷を負いながら成長することは、世代間連鎖に止どまらない。

法務省法務総合研究所は、全国の少年院に収容されている少年を対象に、虐待の被害経験についてアンケート調査を行った。その結果、父母・祖父母のいずれかからの虐待の経験者は全体の半数に上り、それが原因で、家出や酒・薬物に走るなどの問題行動を起こしている実態が浮き彫りになった（二〇〇一年八月一〇日付毎日新聞）。

この事実から、虐待が直接非行の引き金にならなくとも、そこから生じる疎外感が少年たちを問題ある生活、行動へと追いやっていくことが分かる。

私もこれまで生徒指導にかかわる教師、児童福祉施設関係者、矯正施設関係者から、問題行動を持つ生徒、非行を犯した少年には、親からの暴力、虐待体験を持っている者が多いことを聞いてきた。

親は、虐待をしつけと言い「お前のためにしている」と正当化する。子どもは「自分が悪いから、いけない子だから叱られる」と思い、親を責めることはしない。

したがって、虐待は子どもの自信のなさと結びついていく。それが、思春期においては自己嫌悪になり、自分を成長させたいという意欲が湧いてこない。それが時には自傷行為につながることもある。

青年期になれば、当然人を好きになり恋愛もする。しかし、自分に自信がなく、なかなか人を愛せない。結婚し家族を形成しても、わが子を愛せない、どう愛情を表現してよいのか分からない。夫婦間における暴力（DV）の背景にも子ども時代の虐待があると指摘されている。

虐待という名の暴力は、子どもの発達を通していくつもの問題を発生させていく。世代間の連鎖はもちろん、自己よりも弱い存在への力の下降、つまり転移性攻撃・代償行為としてのいじめである。

さらに、暴力の学習は、子育て・しつけの誤ったモデルの獲得となる。その修正は充分な愛情の獲得でしかなし得ない。暴力を身につけることは簡単であるが、その修正には専門家の支援と本人の努力が必要となる。

虐待を受けた子どもに適切な対応がなされず、その後の成長の段階で前述のようなさまざまな問題が発生したとき、それらの損失は大きいものとなる。

被害者である自分が、加害者となる。そして、さらなる被害者が生まれる。その損失は、決して個人に発生したというより社会的な損失と見るべきである。なぜなら、それに対処するコスト（cost）は非常に大きいからである。

4　子どもの利益と社会の利益

虐待を受けた子どもが成育の過程でもたらすさまざまな社会的損失（loss）は、経済学的に見積もることは困難であろう。

しかし、身体のけが、財物の損壊、精神的損害、不安感などを対象に考えると、むしろ重大なのは、見えるものよりも、不安など見えない精神的損害であろう。

子ども虐待を未然に防ぎ、また起ってしまったとしても早期に適切に対処し、その影響を最小限に抑えることが本人にとってはもちろん社会にとっても利益にかなうことである。

これは、プラグマティックな考え方（実利主義）に基づくが、虐待問題の本質的理解にも合致している（犯罪によるコストについての考え方は、モーリス・ホーキンス『犯罪と現代社会・上』東大出版会七二頁が参考になる）。

虐待において真に保護すべき子どもの利益は、子どもの心と発達にある。これからの少子・高齢社会を考えると、少ない子どもが社会を支えていくことになる。その子どもたちの健全な発達を支えることは現実的・合理的なコストである。

したがって、社会的コスト論からすれば、虐待問題は子どものケア、親のケアを含む総合対策、社会政策の課題なのである。この視点を政策者はもちろん、子どもの教育・福祉・医療にかかわる専門家、さらには社会においても理解することが今求められている。虐待に早期に適切に対処することが後の問題を未然に防ぐことになる。

虐待への対応は、教育政策、福祉政策、家族政策、刑事政策であり、社会政策そのものである。したがって、虐待を受けた子どもがどう育つかはその社会の力の試金石でもある。

4 叱正論
懲戒を実践の力とするには

Q 叱ることは、どのようにとらえれば実効性を持つのか?

A
- 子どもの側からすれば、叱られることは行為の規準が示され、それで軌道を修正し発達する権利である。
- 親や教師からすれば、叱正し発達させる権限を持つということであろう。法的には「叱正発達権」といえる。
- 小さな時からの顔見知り関係は、中学になった時でも声かけやすさやかかわりやすさにつながる。かかわりの連続性が有効性を持つのである。
- 叱り方に公式はないが、いくつか要点はある。

はじめに

また叱ることが論議されている。繰り返されてきたテーマである。いつも子どもたちの事件が契機となるようである。だが、考えてみると、それはなぜ叱ることが生活の中での力となっていないかということでもある。

叱り方というコツが強調される中で、叱ることの本質をどう考えればよいのか、懲戒あるいは懲戒権という概念は古すぎないか、どのように考えれば実践への手がかりは得られるのか、課題は多い。

ここでは、叱ることについて基本的な問いを検討してみたい。

1 ある講演会から

誰もが思っていてもなかなか実行できないことがある。子どもを叱ることである。わが子ですらそうなのだから、よその子であればなおさらである。悪いことがあれば叱って正そうとするのは当然なことだが、それができない。それとも私たちは難しく考え過ぎているのだろうか。なぜ大人は子どもを叱れなくなったのか。

家庭でも学校でも地域でも、子どもは叱られることなく育ち、仕事に就いてから上司に叱られてショックをいだく。それだけならまだしも、なぜこの人はこんなに怒っているのかとポカンとしている。正すための叱責が届いていないのである。これは子どもにとって危機である。

「地域社会における大人の役割」というテーマで講演会に招かれた。子どもの育成にかかわる住民が参加していた。私にとって記憶に残る会となった。それには三つ理由がある。

一つ目は、講演者と参加者が相互に交流できるよう工夫がされていたことである。通常講演会は、講演者が一方的に話して終わるか、少し質問が出て終わるかである。ところが、今回はできるだけ参加者の関心を引き出し、意欲を高めるため工夫されていた。参加者は一四、五名のグループに分かれ、講演終了後グループ毎に質問と意見がまとめられた。

私の元に届いた紙は一〇枚程あった。それを休憩時間に読み、それから意見交換をした。よい会であった。普通参加者が多いと会場での発言はしにくいものである。しかし、グループでの討議や紙での質問であれば声は出しやすい。また自分の疑問や意見が取り上げられれば参加意欲もずっと強くなる。

二つ目は、地域の大人の思いが出ていたことである。それは、よその子でも叱るということに表れていた。参加者からの疑問や意見に、「いけないことがあれば地域の子どもを叱りたいがどのようなことが大切か」「小学生なら声かけたり叱ることもできるが、中学生では身の危険を感じてしまう」「叱ると親から文句がくる」というものがあった（この点は後に論じたい）。

三つ目は、子ども育成の基本はやはり声かけにあるとあらためて確認した点である。終了後会場で発言された子ども会の会長と立ち話をした。そば屋の店主の方である。出前の際出会う子どもたちに声をかけることにしていると話された。できるだけ地域の子どもの情報を持ち、それを話題にしてほめたりするのだという。

2　叱れなくなった理由

なぜ大人は叱れなくなったのだろうか。

一つには、ほめることの強調があったと思う。そのため叱ることはネガティブなことになった。ほめることと叱ることが、子どもの成長の具体的場面で使い分けられるのではなく、ほめることだけになった。いや、じょうずなほめ方も亡くなったのかもしれない。私は、今叱ることの肯定的意味を問い直す必要があると思う。

二つには、叱ることにはエネルギーが要るということである。もちろんほめることにも知恵とコツが要るが、叱ることには気まずさが付きまとう。それを超えた価値、すなわち子どもや部下を育てるという先を考えることが求められる。一時の気まずい感情よりも育てるという価値を見つめる力が必要である。

三つには、大人たちが叱ることに縦の関係、支配的関係を感じ取ってしまったことがあろう。つまり非民主的な感じを持ってしまったのである。それに対し「友達親子」がものわかりのよい親像となった。それが民主的な関係と思った。

そして大きいのは、叱る役割を担っていた父親の社会的基盤が崩れたことである。つまり父親の言葉を裏付けていた共通の社会＝世間がなくなったのである。

さらに、じょうずに叱るには相手の心を理解しながら善悪、規範についてきちんと伝えるというカウンセリングの心と法的思考の力が要ることである。

ほめることにもタイミングや言葉や共感する心は大切であるが、適切に叱るのは難しい。そこで、面倒で嫌な気持ちになる叱る行為より、お互いが気持ちよくなるほめることを選ぶことになる。

七対三の割合でほめることが大切という点は認めながらも、それでも三の叱る力が子どもたちを育てることを大人は確認し、実践しなくてはならない。

3　友達親子の意味は

作詞家の阿久悠が「コピーライターの失敗」という詩を書いている。

その一節に「　コピーライターの最大の失敗は
　　〝友達のような〟を使ったこと
　その時は　何となく
　心やさしく　平和で　自由で
　美しい関係に思えた　」というところがある。

その後に「友達のような親子」というフレーズも出てくる。私もずっとこの言葉が気になっていた。親は親であり友達ではないが、友達親子がよいイメージもって受け入れられている。どう理解したらよいのか。

大学生と社会人の聴講生それぞれ二〇名がアンケートに詳しく答えてくれた。予想されたことだが、二〇代の学生はおおむね肯定的、六〇代の社会人は否定的であった。しかし、考えさせられたのは両者とも〝けじめ〟〝一線〟という言葉を使っていたのである。

整理してみると、学生は「友達親子には話しやすい、明るい、楽しい雰囲気がある」が、逆に「注意する、一線をあやふやにする、叱るところを外してしまう」と指摘している。友達親子は「そもそも有り得ない」という学生もいた。

社会人は「何でも話せる関係、理想の姿としてはよいが、親の役割を果たせないのは堕落、子どもの言いなりになってはいけない、がまんさせる時は友達ではだめ、わがままを増長させる」と厳しい。「友達親子は成人に達したら有り得るが未成年ではだめ」という意見には考えさせられた。

学生に聞くと、最近はテレビ番組に姉妹に見える母娘が登場するのだという。母親が娘と同じファッションセンスというのはあろうが、大切なのは外見的関係ではなく内面的関係である。友達親子の「友達性」とは話しやすさという雰囲気のことであり、ここぞという場面では親はわが子に対ししっかりと役割を果たすべきと大学生も社会人も考えているようである。

4 懲戒に代わることば

それにしても懲戒という言葉は、日常の親子関係、教師と生徒の教育関係において、なかなか実践語にはなりにくい。あまりに古い感じがする。先のアンケートでも、ほとんどの学生はむずかしいと答えている。また、懲戒や懲戒権という字からも学生は厳しさだけを考えてしまうようである。

そこで、懲戒に代わる言葉を聞くと、ある学生は「懲励」と書いた。つまり懲らしめと同時に励ますことが大切と考えたのである。なるほどと思った。それならば、叱咤激励から「叱励」というのも考えられる。

私は「叱正」がよいと思っている。なぜなら、「叱」は起こった行為のいけないところをしっかりと叱り、「正」はこれからの行為のあり方を示すからである。

子どもの側からすれば、叱られることは行為の規準が示されることであり、それによって軌道を修正し発達する権利である。親や教師からすれば、叱正し発達させる権限を持つということになる。法的には叱正発達権といえる（安藤『子どもの権利と育つ力』三省堂参照）。

なお、詳述できないが付け加えておくと、社会人は「懲戒を古いとは思わない。職場での懲戒処分には緊張感がある」と書いている。つまり労働者としての職場経験を持つ社会人には懲戒処分の持つ規範性が届いているのである。

このことは子どもへの法律教育においても押さえおく必要がある。なぜなら、集団としての学校にも学則（校則）があり懲戒が明記されているからである。

5　地域の大人と懲戒権

親には懲戒権（民法八二二条）がある。教師にも懲戒権（学校教育法一一条）がある。だが、地域の大人にはない。

なぜ法は住民に法的権限を与えなかったのか。地域の大人も確かに子どもたちを注意し叱る場面を持っている。しかし、それは親や教師の責任関係性とは異なる。したがって、事実上の叱る行為にまかせることにしたのである。

住民の姿勢と実践を示したいのであれば、地域の子どもをほめる行為や叱る行為についての条例をつくればよい。ただし条例化が即現実を変えるわけではない。地域の大人が地域の子どもを叱るには勇気もいるが工夫もいる。

気骨のある大人、こわいおじさんがいなくなったという嘆きや指摘だけで解決できるものではない。まず子どもたちと顔見知りになることである。小さな時からの顔見知り関係は中学になった時でも声かけやすさやかかわりやすさにつながる。かかわりの連続性が有効性を持つのである。だから、地域での多様なかかわりは幼い時からたくさんある方がよい（「地域親論」

参照)。それが後に生きてくる。

また、声のかけ方も専門家に学ぶことである。実践的プログラムの開発とロールプレイがほしい。親も「よく叱ってくれた」と感謝できるように意識を換えたいものである。そのための学習の機会を工夫してつくろう。

ところで、家庭でも学校でも地域でも、叱正を相手に届かせるには工夫がいる。具体的場面で、何をどう伝えるかは大変なことである。叱り方に公式はないが要点はある。専門家は次のようなことを指摘している。

「その時その場で行なうこと、そのことがらにしぼること、理由を明確にすること、簡潔にすること、他者と比べないこと、行為を叱り人格は叱らないこと、過去のことを持ち出さないこと、言葉だけでなく叱る人の気迫やまなざしや態度も伝わるようにすること」などである。

第6章

社会の力を理解する

Ⅰ　社会化論
子育ての個人責任化を超えるために

Q なぜ子育ては社会の課題なのか？

A
・今進んでいるわが国の子育ての個人責任化は、実は母親の責任化であり女性の責任化である。
・今時代が直面している大きな課題は、個人化する物の消費生活と支え合い共同化する精神文化の生活をどう調和させるかということである。
・現代は、個人化と孤立化という人との関係性を断つ社会を進行させている。そこに子育てにくさも子育ちにくさも生まれている。したがって、これらを解決するため、地域では個・孤に「共のかかわり」という多様な関係を入れる動きが活発化している。

はじめに
子育ての社会化、社会的子育てということが言われながら、実は子育ての個人責任化が進んでいると思う。少年非行でも虐待事件でも親へのバッシングは強い。もちろん親の責任はあるにしても、子育て中の親は不安になる。

しかし、不安な親たちは声を出さない。その無言にどのような声を聞くべきか。

1 子育ての社会化は子育ちの社会化

(1) 進行する責任の個人化とリスクの個人化

子どもが問題を起こす。親がわが子を虐待する。共に非難と責任は親に集中する。もちろん親が負うべき責任はある。虐待事件では耳を疑うようなひどい親がいる。

しかし、親への非難があまりに続くと、親になろうとする若者、あるいは子育て中の親に責任感の自覚より育てるつらさと重さだけが伝わる。子育てに元気と楽しさをと言われてもかえってつらくなる。この心理も少子化に影響するだろう。

子育て中の親には孤立無援感がある。生んだのだから仕方がないと自分に言い聞かせてあきらめる。責任感が逆に自分を追いつめる。さらに、聞こえてくる「支援は親を無責任にする」という声もつらい。

リスクについても個人化が進んでいる。つまり生活にかかわるリスクは個々人の力と責任で負うということである。子ども虐待においては、とくに予防の面で、それを行う危険性の高いハイリスク家族・親への詳細なチェック項目が作られている。虐待は繰り返されるから確かに必要であろう。

しかし、私はリスク評価の個人化だけが進むと社会政策化の視点が欠落するのではないかと懸念する。リスク評価には、未然防止と社会政策の視点を同時に持ち、具体的政策を提起し実効化していくことが不可欠である。

(2) 社会化とは何か――「公」の責任

言うまでもなく私たちが豊かに生きていくには、自助の力だけではなく公助（国＝公の力）や共助（社会・地域の力）が必要である。

社会化とは、問題を個人の責任（自助）に限定せず、社会共通の課題として政策化するということである。個人と家族の壁を破り、社会問題、政策問題とするということである。そして社会がそれについて合意することである。社会化には、公の責任の明確化と地域における支え合いの工夫が大切である。

今進んでいるわが国の子育ての個人責任化は、実は母親の責任化であり女性の責任化である。だから子育て問題は女性問題として出現している。個人の責任化は公の負うべき責務をあいまいにする。

安心して子どもを生み育てられる社会の創造のためには、個人責任化を超える論理と施策が必要である。

実態を見ると、母親たちは子育ての孤立感からつらい思いをしている。社会の冷たい視線も感じている。決してわが国は子育てにやさしい社会ではない。

若い親の未成熟も指摘されるが、だからこそ具体的な施策の遂行の中で、子育て中の親やこれから親になる若者に、子育て意識の改革と子育て力の形成を図ることが現実的なのである。

親だけを非難し、施策化を押し止めることは、子どもたちの育ちを止めることになる。子育ての社会化は子育ちの社会化である。子どもは国の宝と言われながら、親の問題を指摘する声の前で支援策が止まってしまうことはなによりも子どもたちにとっての危機となる。

公が担う課題は山積している。例えば、保育体制の充実、企業における子育て改革の促進、小児医療体制・夜間緊急医療体制の確立、学童対策の充実、遊びの専門家の養成など、どれ一つをとっても緊要である。

2 介護の社会化と子育ての社会化

(1) 家族の壁

なぜ同じ社会化の課題であるのに、介護の社会化は進みながら子育ての社会化は進まないのだろうか。

わが国は、伝統的に家族内の問題はその家の中で解決するという意識を家族も地域も社会も持っていた。それが美徳とされた。家族介護は広い意味で家事の一つであった。家事・育児・介護は女性の三大義務であった。

そのため福祉の専門性やサービスの発展が遅れた。それが高齢社会が進む中で、在宅において高齢の妻・嫁が夫や舅・姑を介護する「老老介護」というつらい状況を招いた。介護心中も起こった。共倒れが社会問題化した。

このような事態から家族を超える論理と施策が求められた。つまり介護の社会化である。そして、在宅介護を支えるホームヘルプサービス、入浴、配食サービス、夜間巡回介護、デイケアサービスなどが用意された。

(2)　意識の壁

しかし、子育ての社会化にはいくつか大きな意識の壁がある。まず母性観である。母親なら子どもを愛し育てられて当然とする見方である。また、母親が育てるべきとする考えである。というより思いである。

歴史的にみれば、母親だけがつきっきりで育児をしたのではない。祖父母が孫育てをしたし、上の子が下の子の面倒をみた。乳母が育てた富裕な家庭もあった。

大切なのは、誰が育てるかより、どのように愛されたかであり、どのように育てられたかである。実親であっても愛されなければ子どもには不幸である。

さらには法の要請がある。法は生活保持義務と生活扶助義務という扶養の二形態を持ち責任性に差異を設けている。前者は親による子の扶養で、それは何があってもしなくてはならない強い義務である。後者は、子による老親の扶養で、それはまず自らの生活が優先されるものである。

3　子育てにおける「共」の力

(1)　「公→私→共」の意味

時代はどういう方向に向かっているのだろうか。何がこれから求められる時代の価値なのだろうか。一言で言えば「公→私→共」の流れにあると思う。

公、お上の力が強かった時代から、戦後は個人の自由な判断に任せるという個人（私）化の方向が生まれた。なるべく公権力、法の介入は控制された。その時、物の豊かさと相俟って、というより物の豊かさに足元をすくわれ消費面の個人化が進んだ。

売買と消費には個人がたくさんいた方が都合がいい。消費社会は人をバラバラにした。マイ○○という物の個有化が進んだ。それが意識のあり方にも影響した。人とのつながりは希薄になった。しかし、生きることは誰かに支えられていることである。個を越える論理が求められる。

今時代が直面している大きな課題は、個人化する物の消費生活と支え合い共同化する精神文化の生活をどう調和させるかということである。どう人間がつながるか、その文化をどのように生活の中で創造するかである。子どもの育ちと子育てはそれにかかわるテーマである。

ところで、なぜ私たちは地域づくりにおいて、「地域コミュニティ」ということばを使うのだろうか。それは、コミュニティが地域性だけではなく共同性というつながりを要件として持っているからである。地域は、共通の生活課題を共感し合い共有し合い、解決に向けて共に取り組む連帯の場である。

共同化については、一九世紀に労働者たちが団結してが相互に扶け合うため共済・保険制度を生み出した。そして、二一世紀の今求められているのは、生き方としての市民・住民による支え合いの共同化である。時代は中央集権から地方分権にある。確かに行政的にはそうであろう。

だが、生活の視点からすれば、大切なのは地域の主権である。私たちは、毎日「地方で生活している」と意識して暮らしているわけではない。生活の基盤は地域にある。生活している地域が「中央」である。問われているのは、地域において支え合いによる豊かな社会をどうつくるかにある。

(2)　新たな地域コミュニティづくり

「共」の登場を簡単に振り返ってみよう。

一九六〇年代以降の産業構造の変化の中で、人間のあり方、家族のあり方は変容した。企業・工場では生産性を上げるために分業が進んだ。それは社会全体の仕組みともなった。その結果、父親は会社（社内）に子どもは学校（校内）に母親は専業主婦として家庭（家内）に入り分業に専念した。それが効率性をあげた。地域で人がつながることは少なくなった。

しかし、少子高齢社会の進展と豊かさへの問い直しの中で、生存に直接かかわる福祉も医療も教育も、生活の基盤である地域においてその質、真の豊かさが問われることとなった。それは、具体的には地域福祉、地域医療・保健、地域教育（生涯学習）のあり方である。そこで、地域の支え合い、つながりは身近な所で共助の力を生み出した。

隣近所の力（近助）、昔から出会いを大切にしてきた日本人の縁の力（縁助）、ＮＰＯやボランティア団体の力（団助）である。

実は、近年の企業の地域貢献（企業市民という概念）、学校週五日制、ノーマライゼーション、グループホーム、地域の防犯と非行防止などの動きも「共」の世界の創造と密接にかかわっているのである。

(3)　つながる知恵と文化の創造

現代は関係性を断つ社会を進行させている。そこに子育てにくさも子育ちにくさも生まれている。現在の育児をめぐる少子化、母子密着化、住居の高層化などはつまり個人化と孤立化である。したがって、これらを解決するために、個・孤に共のかかわりという多様な関係を入れる動きが活発化している。それが「共」の創造である。

例えば、現代版「子育て長屋」というNPOの動きがある（二〇〇二年三月一五日付朝日新聞）。お年寄りも若者も一緒に住み、子育てを中心にした共同生活をめざしている。これはつまり子育ちのための住まい方の知恵である。

もともと長屋は、庶民が生きていくための住いの構造であり、それが生き方の意識や支え合いの関係性をつくった、それは米・味噌・しょうゆの日常品の貸し借りであり、井戸端でのコミニケーションという支え合いの暮らしであった（石川英輔・田中優子『大江戸ボランティア事情』講談社）。

長屋には「孤」と「閉」を打ち破る「共」の支え合いがある。いまノーマライゼーションの進行の中で、地域に生まれているグループホームは新しい「共」の住まい方である。気心の知れた者同士の同居はいわば〝友居〟である。

今私たちは、子どもの育ちのためにどのように意識の中に「共」という「開」の関係を入れ、そして行動していくかが問われている。

2　地域親論

知恵出せ、声出せ、力出せ

Q

地域の大人は、どのように子どもたちにかかわったらよいのか?

A

- まず地域の子どもたちのことに関心を持ち、どんな小さなことでもできるところからかかわることである。
- 子どもたちが育つためには、①仕事②しかけ（仕組み）③示し（モデル）④承認⑤親身の五つの「し」が必要である。
- 重要なのは、子どもたちに集団（群れ）の体験やさまざまな人とのかかわりを保障し育ちを太くすることである。
- 今の社会で子どもが育つには、かかわりの仕組みの中で、大人が知恵と声と力をだす小さな関係が大切である。

はじめに

子どもの育ちが心配だという声が強くなっている。だからといって、親の子育てだけに期待するのも酷である。家庭、学校、地域の連携が強調されるが、スローガンで終わってしまうのではないかと思っている人は多い。実際、地域もどのように子どもにかかわったらよいのかわからない。

ここでは、「地域親」をキーワードに、地域の大人がどのように子どもたちにかかわるかを考えてみたい。

1　上野駅は伝えている――親代わりと人育て

このほど、上野駅に「ああ上野駅」の歌詞を刻んだ記念碑が建立された。一九六四（昭和三九）年に流行った歌である。

東京オリンピックが開催され、東海道新幹線が開通した年である。昭和三九年は戦後の歴史の中でも時代を画した年であったと思う。中卒が金の卵といわれ、卒業式が終了すると集団就職列車で上野へ向かった。職種はさまざまであったが住み込んで働いた。まだ一五歳の少年たちである。つらい時は上野に行った。線路は故郷につながっていた。

歌詞にある「配達帰りの自転車を止めて聞いてる国訛り」はそれを表している。中にはひどい雇用主もいたが、雇用主が親代わりになり、子どもたちを一人前にするため、生活全体の面倒をみた。それが当時の人育て、人材育成であった。

今上野駅は新幹線が通り、かつてのつらい時代の面影はない。だからこそ歌碑は必要なのかもしれない。時代の中で、大人たちがどのように知恵と力を出して子どもたちを育ててきたか、そして子どもたちはどういう思いで育ってきたかが分かるからである。

2　深まる大人たちの不安感

地域で子どもにかかわる仕事をしていると、最近とくに青少年育成者や親たちから、分析や解説より実践への手がかりがほしいと言われる。

安易にすぐ役立つ知識やマニュアルを期待しているわけではないが、その気持ちはよく分かる。育成者や親たちの不安が大きくなっている。どうしたらいいのかほんとうに困っているのである。解説情報ばかりがあって手がかりがない。それがさらに不安を深くしている。

子どもにかかわる事件が起こると専門家はさまざまに解説する。しかし、育成者は、それじゃどうしたらいいのか、何ができるのか、実践につながるヒントや手がかりを出してほしいと強く希望する。

大人たちも、子どもたちの育ちが気になるのだが、多くの情報の中で子どもたちを嘆いたり分析したりするだけで、評論家のようになってしまっている。自分は何ができるのか、自問しなくなった。現状を切り拓く力は大人の嘆きからは生まれない。

3　子どもを育てる五つの「し」

それでは、子どもに対するどのようなかかわりが大人に求められているのだろうか。

まず地域の子どもたちのことに関心を持ち、どんな小さなことでもできるところからかかわることである。その一つの例として、私もかかわっている茨城県の「地域親」について少し紹介したい（もちろん論述の内容については私の責任である）。

茨城県青少年健全育成審議会は、二〇〇二（平成一四）年『青少年と地域活動』の報告書を出した。内容は、県内各地の活動事例一七を調査し「地域親」（コミュニティ・ペアレント）を提言したものである。大学生も参加し調査と分析を行った。その結果、「地域親」という実践的な概念が生まれた。

事例の中には育成にかかわるさまざまな大人の姿があった。それは、「地域大人」というより、子どもの育ちにかかわるまさしく親的な存在であった。だから、明確に「地域親」ととらえた。

報告書から、得られた要点を整理してみると、次のようなことである。

大人の存在については、「かかわる大人自身も楽しい」「大人自身が輝いている」

大人のかかわり方については、「適当な大人の距離感覚が子どもたちの主体性を育てる」「失敗を恐れず、好きに活動してよいという育成者の判断と信頼がやる気を引き出す」

子どもたちの存在を承認してくれることについては、「子どもの意見を大切にしてくれる大人の存在」「自分を受け入れてくれる、話を聴いてくれる」

目標については、「挑戦、ハードルを超える意欲と達成感がある」「あんな人に自分もなりたい、あのような技を修得したいという身近なモデルがいる」

大人と子どもの相互の関係性については、「子どもたちの育ちが大人を元気にし、それがさらに子どもたちにかかわる力となる」というようなことであった。

ここには、子どもたちが育つために必要な要素が出ている。すなわち、五つの「し」である。

①仕事という具体的な役割があること、

②しかけ（仕組み）という力を発揮できる場があること、

③示し（モデル）という見える目標が身近にあること、
④大人からの承認という存在の肯定がよい自己評価につながっていること、
⑤親身になってくれる大人との精神的つながりがあること。

4　子どもの育ちは細くなった——知識・情報・消費・仮想の孤の世界

なぜ今、地域親なのだろうか。それは子どもたちの育ちが細くなったからである。細いというのは、人間関係における摩擦や嫌なことに踏ん張れなくなったということである。

子どもたちが出て行く社会は人間の集団である。そこでは、大なり小なりもめごとや対立があり、調整や折り合いが大切となる。ところが、子どもたちを取り巻くものは、知識習得の勉強、あふれる情報、過剰な消費、バーチャル・リアリティといった孤の世界である。

それらは、言ってみれば子どもたちを観念の存在（脳中心の存在と言ってもよい）へと追いやっている。五感を使い身体全体で考えるのではない。しかし、だからといって孤の世界をなくすことはできない。むしろ重要なのは、同時に集団（群れ）の体験やさまざまな人とのかかわりを保障し育ちを太くすることである。その中からしなやかな心も育つ。

近年小学校高学年になると、子ども会を抜けていく例が増えているという。最初から入らないとも聞く。子どもは楽しいから入っていたいのだが、親は役員が回ってくるのでやめるのだという。

少子化の中で集団の体験が持てる子ども会は貴重である。親は多少面倒でも、長い目で見て子ども会が育てる力の大切さに気づいてほしい。また、役員の仕事が大変というのであれば簡単なものに改めればよい。大人がお膳立てをし、次々と行事をこなすあり方（いわば「大人会」となっている現状）は親に過剰な負担を強いている。

かつて地域の子どもへのかかわりには現実的な理由があった。何よりも地域の生存がかかっていた。

子どもたちは地場産業の後継者であり、親の扶養、家の維持を担っていた。また乳児死亡率も高く、元気に育つのかどうかも確実ではなかった。当時住民に地域の教育力という意識はなかった。地域の大人が子どもの育成にかかわる「共育《ともそだ》て」とは、地域力・住民力を当り前に発揮することであった。

今地域の子どもたちは地元に残るとは限らない。戻るとも限らない。しかし、確実に言えることは、今の子どもたちの育ちはますます細くなり、発達の課題を持っているということである。

かつては「地元の子」であったが、今は「社会の子」である。コミュニケーションの原点は、顔を合わせ、目を合わせ、そして声をかけ合うことにある。フェイス・トゥ・フェイスがハート・トゥ・ハートになるのである。だから大人は叱ることができたし、子どもたちも言うことを聞いた。日頃のかかわりがない所でいきなり叱っても反感が生まれるだけである。

5　子どもの育ちを太くする――職・食・宿の共と団の世界

かつて地域の大人は現実的理由から共育《ともそだ》てをした。いま私たちは、子どもたちのバランスの取れた成長発達のために共育《ともそだ》てをしなくてはならない。その実践のキーワードが地域親である。

地域親は多様である。どのようなものが地域親であり、どのようにかかわればよいのか、モデルやマニュアルを出せば創意工夫がなくなる。大人が子どもにかかわる過程こそが大切である。

地域のよさは子どもの見方が多様で緩やかなことにある。その子に合ったものさしで受け入れるのである。地域親の特徴は、地域の子どもたちのことを気にかけ、どんなにささやかでもできるところでかかわることにある。多くの大人による多様で小さなかかわりが子どもたちの身近にたくさんあることが彼らにとって豊かさになる。

子どもが育つには、職と宿と食の三つの共と団の世界が大切である。地域にはそれらがある。まず職である。職と職に伴う目に見える技に具体的に出会い、その技を手に入れ手応えを感じる。今日の社会では見えにくい仕事が多いが、子ども時代は見える職と技との出会いが貴重である。目の前の技は説得力がある。そして宿泊と食事である。文字通り寝食を共にする。

この共と団の体験が濃密な人間関係を作る。最近の子どもの発達と教育をめぐるさまざまな動きは、これらの方向へと向かっていよるうに私には思える。

すでにいろいろな地域親がいる。例えば、声かけおばさんがいる。自宅の前で小学生が交通事故に遭った。そのため通学する子どもたちに声をかけるようになった。すると子どもたちはハイタッチしていくようになった。

虫おじさんがいる。田んぼの仕事をしていると、理科の授業で小学生たちがやってきた。カエルを探せない子どもたちにすぐ捕まえてやった。おじさんは名人となった。その後交流が生まれ、カブト虫を届けるようになった。

マジックを教えてくれる手品の達人がいる。子どもの気持ちを聴くことのうまい聞き上手おばさんがいる。いのちの大切さを教えてくれる熟練のヘルパーさんもいる。サッカーのコーチをしてくれる大学生もいる。企業の中にも地域親はいる。

学校と地域との連携で、八百屋さんも肉屋さんも魚屋さんも仕事親・商売親になってくれる。子どもたちは泊まって住み込み店員になる。地元の伝統工芸では親方に弟子入りし、小さな徒弟制度が復活する。まさに異文化体験である。

今の社会で子どもが育つには、かかわりの仕組みの中で、大人が知恵と声と力をだす小さな関係がとても大切である。子どもたちは建物に集まるのではない。親身にかかわってくれる大人がいるから集まるのである。住民力が求められる時代において、かかわりはささやかでも地域親の存在は大きい。

3　体験論
「感覚への回帰」の中で

Q　子どもにとって、体験はどういう意味を持つのか？

A
- 体験の強調の背景には、「知」と「情」を行き来する教育の振り子がある。すなわち、教育の目標が知識、理性へ大きく振られると、今度はその反省から感情、情操の方に振られるのである。
- 体験は、子どもの成長発達にかかわる八つの特質を具体的に有している。
- 体験を経験化し、さらにそれをある状況の中で的確に判断し活かす、いわば「知恵験」とでもいうべき力がある。これを子どもたちに積極的に位置づけ形成すべきではなかろうか。

はじめに

現在、学校教育だけではなく、子どもにかかわる様々な所で、例えば学習塾などでも、体験あるいは体験学習が強調されている。体験という言葉が使われているものを数えてみても相当になる。

体験の強調の中で、注意すべき点も生まれているが、しかし内容を深めるよい機会である。なぜ今、体験が強調されるのか、そもそも体験はどういう意味を持つのか、それを有効にするには何が求められているのか、考えてみたい。

1 教育の振り子

今、社会には「体験の氾濫」とでもいうべき状況がある。職業（職場）体験、奉仕体験、社会体験、ボランティア体験、野外体験、自然体験、シニア体験、疑似体験（アイマスクなどによる）、異文化体験などである。

また、教員免許取得との関係では、特殊教育諸学校・福祉施設での介護等の体験が要件となっている。

しかし、体験の強調は今に始まったことではない。それは歴史的に繰り返されていることである。そこには、「知」と「情」を行き来する教育の振り子がある。

すなわち、教育の目標が知識、理性へ大きく振られると、今度はその反省から感情、情操の方に振られるのである。これはわが国に限らずヨーロッパでもそうであるという。つまり主知主義とロマン主義の両極である。

現在の体験の強調は、「情」への歴史的「揺り戻し」なのか。私は、それを単に「情」への傾斜、あるいは復帰とするのではなく、両者の統合の好機としてしっかりと理解し実践に向けるべきであると考える。

2　今、なぜ体験なのか

(1)　感覚に回帰する現代人

体験の強調は、学校教育だけの問題ではない。根底には、現代社会における人間存在の危機がある。

機械化、情報化、多忙化の中で、現代人のストレスは大きい。心身共に疲弊している。そこに、身体全体を使い、感覚の働きを大切にし、自分の存在を取り戻す「身体の回復」・「感覚への回帰」が生まれている。

自然の中に身を置き、心身を癒す体験は存在を安定にする。「癒しの体験化」がそこにはある。個別の名称でいえばさらに多いだろう（例えば、〇〇体験ツアー、そば打ち体験、畑作体験など）。そして、「手作り」という言葉も心地良く響く。

(2)　体験の反対語は何か

それでは、今なぜ子どもに対して体験の必要性が強調されるのだろうか。

直接的には、学校教育法と社会教育法の改正があろう。

前者では、教育の目標の達成に資するために「児童の体験的な学習活動、特にボランティア活動など社会奉仕体験活動、自然体験活動その他の体験活動の充実に努めるもの」（第一八条の二）としている。確かに「体験」の語がいくつも出てくる。

後者でも、「市町村の教育委員会の事務」として同じ趣旨のことが規定されている。だが、重要なのはこれらの背景であろう。

第一は、教育が知識の獲得を中心にしてきたことである。だから、体験が強調される時、知識、暗記、座学、教室、教科書、情報などの言葉が否定的に使われるのである。そして、体験に類似した言葉として、現場、実習、臨床などが使われるのである。

体験の本質は、「身をもって対象にかかわること」である。ついでに言えば、私は、その意味で、体験の反対語は「傍観」であると考えている。したがって、一人ひとりが実践者であることを意識しない学習（とくに社会科の科目）は問題であると思う。それは、人権学習、いじめにおける生徒の力の形成ともかかわることである。

第二は、学校教育において、週五日制と総合的な学習の時間が創設されたことである。そのため、現場では地域との協働において、体験学習を中心とした多様なプログラムづくりとその実践が進められている。

第三は、便利な生活の中で、子どもたちの生活が受け身になっていることである。体験は、自らの全身、五感を動かし、主体的に物事にかかわる行為である。体験の強調には、それを通して子どもたちの生きる力を育成したいというねらいがある。

第四は、環境保護の立場から、環境教育が重視されてきたことである。地球環境、ゴミ問題、リサイクルの学習は教室の知識では足りない。その大切さは、汚れた河川を目の当たりにし、嗅覚とともに肌で感じなくてはならない性質のものである。

第五には、コミュニケーション力の低下である。最近の子どもたちは、他者の感情をくみとる力が弱いと指摘されている。これは少子化とも関係する。子どもが少なくなる中で、対人関係能力が低くなるからである。それを形成するには、集団（群れ）の中での対立と折り合いの体験活動が大切と言われる。

第六は、バーチャル・リアリティ（仮想現実）の問題である。今や子どもの世界にバーチャル・リアリティが避けられないのであれば、それとバランスをとった充分な体験が不可欠である。というより、むしろ私は、豊かな直接体験が間接情報をコントロールする力になると考えるのである。

3　体験の定義と特質

体験は、定義すれば、「事実や環境との直接のかかわりにより、自分の中にある感覚を通して、主観的な意識を発生させることである」と言うことができよう。そして、とくに体験が自分の中で核になるとき、それは「原体験」と表現される。

体験の特質は、以下の点にある。

①直接性・臨場性・具体性。実際にその場、その状況に直接自分の身を置いて具体的な事実と向き合う。

②全身性。自分の存在全体、五感で事実・環境を受けとめる。頭で考えるのではなく、体全体で感じ取る。

③自発性・内発性。受け身ではなく、積極的にかかわろうとすることから多くの発見が生まれる。しかし、その力は時間をかけて引きださなくてはならないものである。

④全体性・発展性。対象にかかわり、疑問を抱き、調べ、気づき、吟味していく。体験学習

にとって大切なのは、事実の前で自分の内に疑問・感動などの「心の揺れ」が生まれることである。

体験における気づきの連続性は、平面的なつながりではなく、立体的に深みを増し、質を形成していく連鎖的な関係である。

⑤吟味力。体験は情報を吟味し、自分への取り込みを行う力となる。情報社会では、それを主体的に選択する力が求められている。

⑥多様性・意外性。体験の場では、教室と違い、子ども・生徒の能力が多様に発揮される。大人は一人ひとりの子どもの意外性を発見することとなる。したがって、指導者・教師側に柔軟な子ども観が求められる。また、それを子どもと共に喜びとしうる力も求められる。

⑦非効率性・不可視性。体験は時間がかかり、効率だけでは計れないものである。体験の効果はなかなか見えにくいが、しっかりと考えの基盤となる性格を持っている。大人たちは、結果よりもかかわる過程を評価する視点を持たなくてはならないであろう。

⑧猶予性。体験には失敗や試行錯誤が大切であり、それを生かすゆとりが不可欠である。発達の曲線を保障する猶予が求められる。

4 体験をめぐる課題——経験、さらに「知恵験」

体験は、前述のように定義できるが、経験は「知性により普遍化されて客観的なものとなること」と言える。したがって、両者には主観的なものと客観的なものという違いがある。

個々の体験は、学びによってその特殊的で主観的なものから普遍的なもの（＝経験）となり、自分の中に価値化されていく。つまり体験の経験化である。それが次の体験において作用する。体験に関する課題を指摘しておきたい。

第一は、体験が知識に対置するものとしてよいイメージを持たれていることである。そこでは、体験がすばらしい子どもの変化をもたらすかのような期待がある。内容があまり吟味されずに強調されてしまうことは問題である。

第二は、体験主義の克服である。つまり「やればいい」という風潮が生まれていることである。事実による気づきの内面化・価値化が、指導者の存在とプログラムの工夫によって実現されることこそ大切なのである。

第三は、体験の目的の確認である。私は、体験から経験、さらにもう一つ大切なことがあるように思う。それが「知恵験」である。なぜなら、知恵には「しぼる」という表現があるように、入れた知識をある状況の中で使えるものに加工することができるからである。

同じように、体験を経験化し、さらにそれをある状況の中で的確に判断し生かす「知恵験」とでもいうべき力があると思う。これを子どもたちに積極的に位置づけ形成すべきであろう。

なお、紙数の関係でふれられないが、体験には「被害体験」「虐待体験」などの否定的なものもあり、それらに対する対応も重大なテーマである。

今日の体験の強調と推進は、単に知識学習への批判と反省からでているのではなく、本質的には子どもの発達環境の悪化という危機感とその対応策からでているのである。

4
地域活動論
新たな市民となるために必要な奉仕とボランティア

Q これからの社会を生きる子どもたちは、奉仕とボランティアをどのように理解すべきか?

A
- 奉仕の持つ大切な価値は、「自らを謙虚にして仕える」という社会的貢献的価値である。
- ボランティアは、自らの自由な意思を尊重し活動のために自分の時間を使い、その行為が誰かのため社会のためになるということである。
- 子どもたちは地域に支えられている。子どもたちが地域のために何らかの形で寄与することは当然のことである。自分の意思を超えて寄与する価値に謙虚になること、それが奉仕、サービスである。
- 奉仕活動もボランティア活動も、その目的は自分たちの社会・地域を自らの手で住みやすいものとすることにある。

はじめに

このところ、奉仕活動をめぐって議論が続いている。子どもたちに公の心を育てなくてはならないという声と本人の意思を尊重するボランティア活動の方が大切であるとの声である。

しかし、これは奉仕とボランティアの本質を考えるとてもよいテーマである。実は、この現象と問題自体が子どもたちにとり学習のテーマでもある。そうでなければ、奉仕もボランティアも市民社会の活力とならず、危機に陥ってしまう。大切なのは、子どもの視点から考えることである。

1　混乱から誤解も

(1)　子どもの視点から

奉仕とボランティアについて、両者の言葉の意味や歴史、そしてこれからの社会のあり方を検討してみると、どちらが大切かではなく、両立できるようにすることがとても大切であることが分かる。

これからの子どもたちには、市民・住民として、社会と地域活動に参加することが求められる。その力は、小さな時から体験と学習を通して次第に形成されるものである。

その際重要となるのが、子ども・生徒の学習と成長発達の視点に立って、奉仕とボランティアの必要性を考えることである。

(2)　求められている活動と学習

今、奉仕もボランティアも意識の上では混乱にある。しかし、現実に活動は行われている。

活動は、この間学校教育法の改正などもあり、ますます活発になっていくであろう。そこで、両者の違いを正しく理解し、取り組むことが生徒にも教師にも必須である。論争でいたずらに子どもたちの成長発達の機会を奪わないようにすべきである。

生徒は言う。「奉仕もボランティアも関係ない。先生から言われたから仕方なくやっている」。他方、教師の側にも混乱がある。「奉仕活動は当然」「ボランティアはいいことだからやりなさい」。そこでは両者に区別はない。

今、ボランティアは当たり前のことというスローガンのもと、ボランティアをしないと肩身の狭い雰囲気も生まれている。ボランティアに圧力を感じ、「ボランティア、ボランティアと迫らないでください」と語る大学生もいる。これでは、かえってボランティア嫌いが生み出されることにもなりかねない。

混乱の中で、行為だけが進んでいくのは、生徒にとってはもちろん、奉仕とボランティアの将来にとってもよくない。活動と共に正確な学びが求められている。

2 歴史・文化から本質を探ると

それでは、奉仕とボランティアをどのように理解すればよいのだろうか。私は、まず歴史を踏まえ、両者の違いを子どもたちの学習の対象にすべきと考える。

(1) 奉仕の本質は「謙虚さ」にある

奉仕というと、ある年齢の人たちにとっては戦争とつながり、勤労奉仕という暗い思い出となる。

奉仕には、お上《かみ》からの命令によってやらされたという歴史があった。国家は、時代の中で支配のためさまざまなことを利用した。奉仕もそうであった。私たちは、奉仕が国家に翻弄され悲惨な歴史を持ったこと、そしてこれからも同様なことがありうることを知っておかなくてはならない。

しかし、その上でなお奉仕には大切な価値があることも知っておかなくてはならない。それが「謙虚さ」という価値である。すなわち、「自らを謙虚にして仕える」という社会的貢献的価値である。

英語で考えてみよう。奉仕に近い英語はサーブ（serve）、サービス（service）である。それは、「ある対象があり、それに仕える・尽くす」という意味を持っている。何かの役に立つこともサービスであるし、朝の礼拝を行うこともモーニング・サービスである。公務員の奉仕者性もそれである（全体の奉仕者としてパブリック・サーバントがある）。これは、私たちが市民として理解し形成すべき重要な価値である。

(2)　ボランティアの本質は「自由な社会意思」にある

ボランティアがわが国に入ってきた時、それは日本語にならなかった。もちろん奉仕とは違うからであるが、それに合う言葉もつくられなかった。そのままカタカナ表記にした。私は、これは正しかったと思う。

国家の強い力と横並び意識の強い日本人に、自分の自由な意思を大切にするというボランティア文化は異質であったからである。

ボランティアは、言葉の意味としても文化としても、自らの自由な意思を尊重し、活動のために自分の時間を使うことである。そして、その行為が誰かのため社会のためになるということである。その意味で、自由意思は社会意思であり社会行為である。

ボランティアの本質を考えるとき、ボランティア精神を表す言葉がなぜスピリットなのかを考えてみるとよい。

つまり、スピリットはあれこれ考えるというよりも、気持ち・やる気を表し、それが行為へのバネになるという意味である。ある状況に対し、自分にできることがあれば、すぐ行うという力を言うのである。

3　子どもたちに新しい公共性と市民性を

(1)「社会と地域のために何ができるか」――市民意識の形成と行動力

奉仕には歴史的な問題がある。だが、今日住民よる地域奉仕活動が定着しているのも事実である。奉仕のもつ縦の支配性から言葉を避け、コミュニティ・サービスと表現してもなかなかぴんとこない。

私は、あえて別の言葉を使わず、むしろ奉仕がもつ歴史性と国家性をきちんと学習しながら、これからの社会で求められる「社会と地域に寄与する謙虚さ」という精神と行動力を子どもの成長発達に取り入れるべきだと思う。

つまり、生徒たちは歴史の事実を学びながら、同時に市民・住民は地域と社会に参加し寄与し得る存在であることを学ぶのである。したがって、その際もっとも大切なのが学習の方法と内容である。

子どもたちは地域に支えられている。子どもたちが地域のために何らかの形で寄与することは当然のことである。自分の意思を超えて寄与する価値に謙虚になること、それが奉仕、サービスである。この謙虚さを子どもたちは主体的に学ぶのである。

アメリカでその活動はコミュニティ・サービスといわれ、学習はサービス・ラーニングといわれている。

アメリカ社会は、歴史的に開拓によって成立した。国家よりもコミュニティが先に成立し、それが集合されて州、国家が誕生した。したがって、地域にある学校も企業も「地域のために何ができるか」が常に問われる。

日本の企業がアメリカに進出した際、地元から人を雇用し、税を納め、さらにコミュニティのために何ができますかと問われ困惑したという。しかし、アメリカにおいて、企業の地域貢献はセカンドタックス、つまり第二の税である。ここから、日本の企業も地域活動を学習し担うに至ったと指摘されている。

(2)「縦の奉仕」から「横の奉仕」へ

奉仕活動もボランティア活動も、その目的は自分たちの社会・地域を自らの手で住みやすいものとすることにある。その意味で、これからの子どもたちに不可欠であり、大人にも必要なのは、新しい公共の学習と市民学習である。

わが国で公といえば国となりがちである。しかし、奉仕が尊いのは、自己の所属する社会や地域に寄与することにある。つまり、「支配される縦の奉仕」ではなく「連帯する横の奉仕」である。

奉仕は、歴史的に縦の支配関係であるから、横の奉仕は矛盾であるとの指摘もあろう。しかし、私は、「横の奉仕関係」という公共の生活文化を構築すべきと思うのである。

個人を超えた社会への参加と寄与の価値をいかに学び、いかに自分の中の価値としうるかが市民学習である。これからの子どもたちに大切なのは、この公共性と市民性の学習である。

奉仕とボランティアの顕著な差異は、義務性と自由性にあるが、横の奉仕は無理やりにやらされる義務、obligation ではなく、謙虚さにもとづく主体的な義務、duty なのである。それを理解させるためにも子ども・生徒が主人公となる公共の学習が必要である。

学校が大切にすべきは、実践と共に奉仕活動の学習化・価値化である。そこでは、生徒が社会と地域の学習を主体的に行えるかどうかがカギとなる。

活動と学習は往復的であり深化的である。両者は生徒の成長発達にとり両輪である。

(3) ボランティアがもつ柔軟性・小回り性と批判性・先駆性

市民社会が健全であるためには、市民・住民の自由な意志と力が発揮されなくてはならない。この点、ボランティア活動やＮＰＯの発展は社会の活力である。

ボランティアは柔軟であり小回りがきく。行政は、どうしても公平性が問われ、対応が遅れがちとなる。両者は対等に協同できる。しかし、同時にボランティアは、自主的な社会活動であるがゆえに批判性と先駆性を持つ。

公害、環境、教育、福祉、平和などの生活問題への取り組みは、ボランティア精神なしには発展しない。この力を社会の力とすることが大切であり、次代を担う子どもたちには生きた市民学習の教材とすべきである。それが自立する市民につながっていくと思う。

終章　子どもの育ちを支える成長発達権

1　子どもをめぐる二つの見方

子どもの問題にかかわっていると、二つの考えが対立していることに気づかされる。すなわち、「甘やかすな」という声と「子どもに権利を」という声である。両者は対立するものだろうか。前者には権利は甘やかすものとの誤解があり、後者には厳しさについて子どもの側に立って深める必要がある。

大人は議論をしすぎて実践への熱意を失うことがある。それは、ちょうど打ち合わせをしすぎて本番の時すでに行ったような気分になるシンポジウムに似ている。物事にはポイントがあるが、シナリオどおりにはいかない。

子どもの問題で大切なのは、目の前にいる課題をかかえている子どもである。そして、さらに大切なのは子ども自身が育つことである。それが子どもの最善の利益である。

子どもの成長発達権という用語はあまり知られていない。ましてやその内容については理解されていない。

私は、それを子どもの育ちを支える実践的な概念であると考えている。私自身も子どもの育成にかかわっている。今一度、成長発達権の持つ実践性をわかりやすく考えてみたい。

2　育つこと、育てることについての誤解

(1)　万引きと成長発達権

まず、成長発達権の意味するところを、具体的な事件を手がかりに考えてみよう。

二〇〇三年一月二一日、川崎市で万引きをした少年が身元を明かさないため、店主が警察に引き

渡そうとしたところ、逃走し電車に轢かれて死亡するという事件が起こった。不幸な結果となったが、問題はその後である。

店主への非難が殺到し、見逃してやればよかったのにという声、中には店主を人殺しという声まであった。ここには、むしろ社会の側に見逃せない問題がある。つまり、子どもの育ちと育てることについての誤った見方である。

どのように理解すればよいのであろうか。子どもにあるのは、あやまちを乗り越えて育つ成長発達の権利である。他方、大人・社会に求められるのはその権利の実現＝保障である。決して見逃すことが優しさや子どもの人権ではない。誤った社会意識は子どもたちの成長発達の機会、権利を奪ってしまう。

成長発達は、自分の課題に真剣に向き合う時に生まれる。子どもが育つには、大人、専門家、社会の適切なかかわりが不可欠である。とりわけ万引きは習癖性を持つ。違法な行為は、早期に適切にその重大性を知らされて子どもは育つのである。それが社会規範との直面であり内面化である。

(2)　書店の生活権と子どもの成長発達権

万引きは明確に刑法上の窃盗罪であるが、実態はますますゲームのようになり、しかも盗品を換金できる仕組みがある。万引きが手軽な小遣い稼ぎとなっている。しかし、万引きで書店の経営が危機に瀕しているのも事実である。閉店に追いやられている店もある。書店の生活権を子どもたちが脅かしているのである。

万引きの少年たちに必要なのは、厳しい成長発達権の実現である。万引きが犯罪であることを理解させるのはもちろん、営業することの大変さも実感させなくてはならない。それには、書店に限らず労働という奉仕も工夫されてよい。いや、むしろ経営の大変さを実感することが万引きの犯罪性を理解し抑止になるのかもしれない。法と子どもの意識とに大きなずれがある。そこをどのように埋めていくかが成長発達権の実現である。

3　子どもの権利と成長発達権

(1)　成長発達の本質は、失敗やつまずきを乗り越えて育つこと

子どもの育ちは直線ではない。何の問題もなく育つ子どもはいない。大なり小なり失敗はするし、いたずらと遊びの区別がつかない時期もある。時には大人が思いもつかないことをしでかすこともある。

つまずきには法則があるともいわれる。むしろ子どもは失敗したりつまずいたりする存在であり、大切なのはそれらを生かすことである。だから、親・大人・専門家・社会は、教育・保護、サポートをする責務を負っている。失敗を力にしうる関係をつくることが社会の力である。

成長発達権は、子どもを育ちゆく可能性をもつ存在ととらえ、とりわけ失敗やつまずきの時、その可塑性を根拠に権利の保障をしようというものである。しかも、それが子どもの利益と社会の利益にかなっているからである。

非行克服権もその一つである。憲法の権利の考えからすれば、一三条「幸福追求権」と一二条「自由と責任の保持義務」が一緒になって働きかける権利である。というのも、失敗やつまずきは他者に迷惑や損害を与えていることもあり、子どもたちは大人・社会の支援を受けながらも、自分の中で、自分の幸せと社会の福祉との調和をどうはかるのか、また自由と責任の統一をどうはかる

のか、厳しい内的な闘いをしなくてはならないからである。

成長発達は自分との闘いである。その意味で、否定的に見られる責任やつぐないも子どもの成長発達にとっては肯定的要素である。子どもの責任は、責任の担える能力を自己の内に形成するという成長発達上の責任であり、つぐないは人間関係を修復していく生きる力の形成である。

成長発達権の対象は、子どもの存在と特性にかかわるものであるから広い。重要なのは、明確にそれらを乗り越えて育つ権利の対象としてとらえ、保障の実現をいかにするかである。そして、その実現には、侵害から護るという積極的なかかわりと子どもの育つ力を信頼し、まかせながらも肝心なところでは支援するという消極的なかかわりがある。

(2) 成長発達権の位置と機能

それでは、その成長発達権は子どもの権利の中でどこに位置づくのだろうか。［図］を基に考えてみよう。

子どもは急速に育つ年代にいる。それゆえ学習権と成長発達権が中心となる。生涯学習の時代では高齢者も積極的に学んでいる。むろんそこにも学習権の保障がある。しかし、子どもにはその存在の特性から二つの権利が絶対に不可欠である。教育は学習権を保障し、健全育成は成長発達権を保障する。教育・健全育成は働きかける大人の側に立つものであるが、学習権・成長発達権は子どもの主体性に立脚したものである。

そして両権利は、さらにさまざまな権利に支えられている。なかでも子どもが心身共に健康に育つニーズをもつ存在という点からすれば、健康権がもっとも重要であろう。すなわち、今自分たちは真に健全な身体を作る食物・栄養を与えられているのかどうか、人間関係を形成できる心の栄養は与えられているのかどうか。いじめや虐待は、明らかに成長発達権が侵害されている課題である。なぜなら、心の傷は成長発達と共にさまざまな問題を生み出すからである。それらは個人の損害だけでなく社会的損失となる。

(3)「子ども市民」から「自立する市民」へ

ところで、成長発達権が目標とするところは何であろうか。

私は、自分にかかわりのあることは自分で決めてゆく自己決定の主体になること、自らの人生、生活を自分らしく生きていく主体になることにあると考える。つまり、真の意味で自分は自分の人生の主人公であるということである。

成長発達権は、その目的を実現するため、子どもの特性にふさわしいものとして付与された法的権利であると思う。それは、子どもたちが自分の〝生〟をいきいきと生きていく力を形成する時の法的な根拠である。

さらに私は、これからの社会を考えると、成長発達権は自立した市民となるための力の形成が目標になっていると思う。すなわち、自立した市民は、できるところは自分、あるいは自分たちでやるという参加と学習と連帯の地域づくり・社会づくりを実践するからである。行政に依存し、やってもらえないと嘆くという従の関係はやめなくてはならない。そのためには、子ども時代から「子ども市民」という視点を軸に、地域・社会に参加していく主体としての力を形成することが求められよう。

例えば、総合的な学習の時間における「市報学習」はその一つである。町の広報誌である市報（町報・村報）は地域学習のすぐれた教材である。ゴミ、環境、福祉、教育、高齢社会、安心のあ

図　子どもの権利と成長発達権

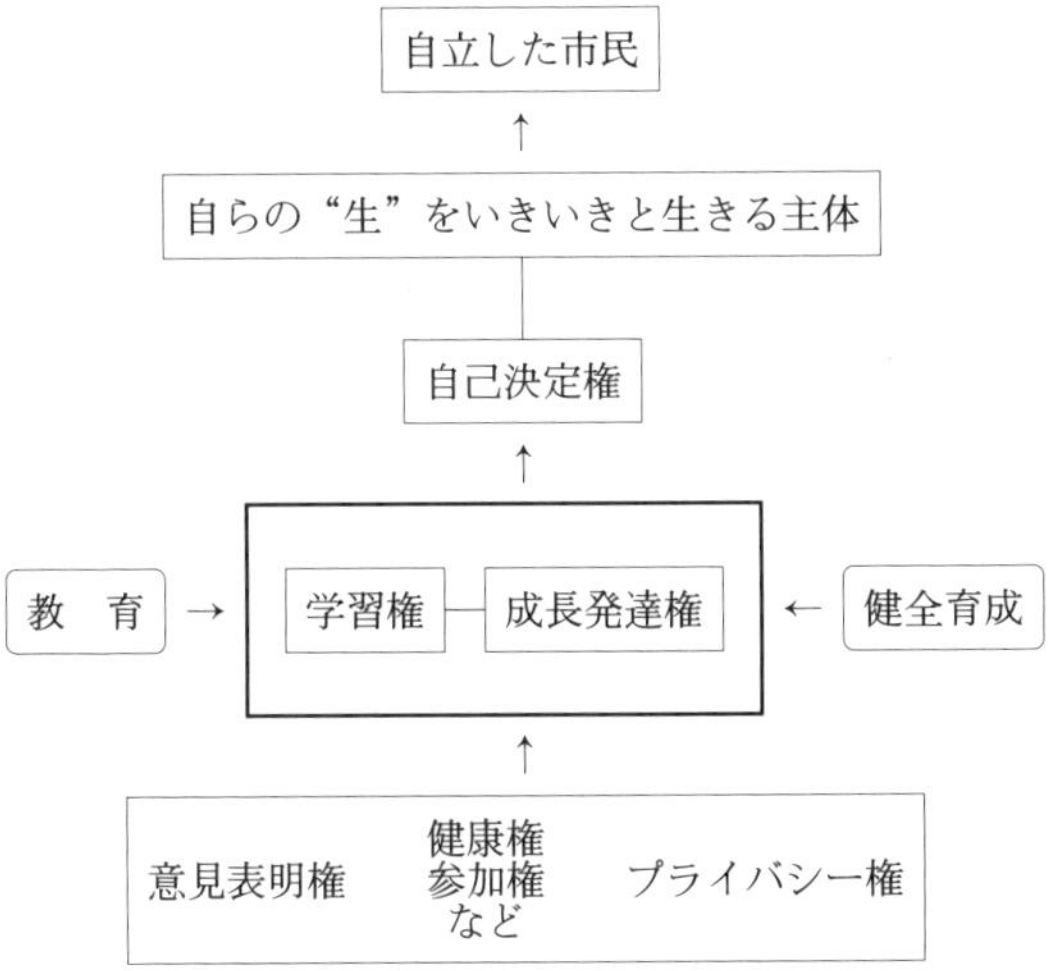

る社会づくりといった住民の暮らしを、市報は地域の現実に即して伝えてくれる。そこには、地域の担い手を育成する成長発達権の実現がある。

4　子どもの主体性と大人のまかせて待つ力

(1)　成長発達権と主体的な力

今日、一方で成長発達権の大切さが言われながら、他方で、親、大人による子どもへのかかわりが、自由と自己決定の名の下、子どもへのおまかせ（放置）になっている状況がある。成長発達権と子どもの主体性について言及したい。

私は、ここ数年茨城県の青少年健全育成審議会にかかわり、二〇〇二度は報告書『青少年と地域活動について――青少年が自らの〃生〃を自ら生きる力の形成のために』の作成に関与した。その中で、以下のようなまとめをした。

「主体性とは、ものごとに関わる際の姿勢と考える力、意思の力である。つまり、自らの思考と判断において決定し取り組み、そしてその結果を自らが受け止める力のことである。その内容は、あることに参加し、思いを伝え、意見を述べ、他者の意見を受け止め、合意し、実行し、責任を負担するということである。したがって、それは、放置や強制から生まれるものではない。具体的な場面での小さな意欲と意思決定を支え続けることから育まれていくものである。どんな小さなことでも、本人が選択したものであれば、あたたかく見守り、認めて、自信をつけさせていくことが大切である。また、子どもが主体的に思考し行動するためには、自分に対する信頼感や他者に対する信頼感が基礎になくてはならない。自分をだめだと思っていたり、他者から責められるのではないかと思っていたのでは主体的に動くことはできないからである」（四四頁）。

ここで述べられているように、子どもの主体的な生き方は成長発達権の実現であり、さらにそれが目標とするのは自己決定できる力の形成である。

(2)　求められる大人の子ども観の転換――「五まのタネを蒔く」

子どもの主体性が育つことについて、もっとも大切なことは、実は大人の側にある。

次が私の認識である。

「子どもが主体的な力を獲得するためには、親、大人、社会の側にこそ主体性が求められる。すなわち、『子どもに**ま**かせて、子どもが**ま**よいながらも**ま**ちがいながらも**ま**なぶことを、大人は必要なときにはサポートしながらも**ま**っ』ということである。私は、これをわかりやすくするために、『五まのタネを蒔く』と言っている。子どもが育つには、大人ができるだけ手を出さず、見守るがまんという力が不可欠である。大人が、子どもを失敗から避けさせたり、手を出し過ぎたり、指示し過ぎることはかえって育つ力を奪ってしまう。しかし、実際はこれがなかなかできない。なぜなら、待つ大人の方が不安になってしまうからである。主体的な子どもたちを育成するには、大人の方こそ子ども観を転換する必要がある」（四五頁）。

初出稿一覧

序章　危機を好機に
『日本教育新聞』「学校の危機管理」第二五回（二〇〇一年一〇月二六日）から第三〇回（二〇〇一年一二月一四日）までの五回連載の稿をまとめ加筆

第一章　子どもの危機とは何か
1　子ども危機論——発達と主体性の視点から
日本教育新聞社『週刊教育資料』七七四号二〇〇二年一〇月七日号
2　成人論——大人にさせない育ちの危機
日本教育新聞社『週刊教育資料』七六四号二〇〇二年七月八日号

第二章　今、子どもたちに何が起こっているのか
1　ケータイ論
1　使える人か、使われる人か
日本教育新聞社『週刊教育資料』八〇八号二〇〇三年七月七日号
2　危険情報と危機学習
日本教育新聞社『週刊教育資料』八四四号二〇〇四年四月一九日号
2　情報論——選び取る力とつながる文化
日本教育新聞社『週刊教育資料』八一一号二〇〇三年七月二八日号
3　規範意識論——生活の中でどう育てるか
（原題＝規範意識論——生活の中ではぐくむ実践への力）日本教育新聞社『週刊教育資料』七六六号二〇〇二年七月二二日号
4　男女交際論——高校生の事件に見る危機と対処の力
日本教育新聞社『週刊教育資料』七六〇号二〇〇二年六月一〇日号
5　少年犯罪論——親の不安と教師の見方
日本教育新聞社『週刊教育資料』八一八号二〇〇三年九月二二日号
6　共有論——長崎家裁決定理由の公開の意味
（原題＝共有論——長崎家裁決定理由を読む）日本教育新聞社『週刊教育資料』八二五号二〇〇三年一一月一七日号
7　救出論——虐待から子どもを守るために
日本教育新聞社『週刊教育資料』八三九号二〇〇四年三月八日号
8　原因論——なぜ犯罪は起こるのか
（原題＝原因論——犯罪学は事件の要因をどうとらえるか）日本教育新聞社『週刊教育資料』八五五号二〇〇四年七月一九日号

第三章　学校に新しい力を
1　学校の自己完結性を超えて
1　連携論——学校教育におけるネットワーク文化の創造のために
日本教育新聞社『週刊教育資料』七五六号二〇〇二年五月六日・一三日号
2　ネットワーク・マインド論——つなぐ・つながる心と力のすすめ
日本教育新聞社『週刊教育資料』八六〇号二〇〇四年九月六日号
2　新しい生徒指導を求めて
1　協働論——総合的生徒指導
（原題＝協働論——総合的な生徒指導の在り方をめざして）日本教育新聞社『週刊教育資料』八二二号二〇〇三年一〇月二七日号
2　「役割—承認」論——何が子どもを変えるのか
日本教育新聞社『週刊教育資料』八六五号二〇〇四年一〇月一一日号
3　教育に法の知恵、法の力を

1 苦情論――教育における学習モデルと調停モデル
日本教育新聞社『週刊教育資料』八三六号二〇〇四年二月一六日号

2 スクールロイヤー論――学校に教育弁護士の力を
日本教育新聞社『週刊教育資料』八四七号二〇〇四年五月一七日号

第四章　新しい学習力を問う

1 存在論――少年によるホームレス襲撃事件と人権学習
日本教育新聞社『週刊教育資料』八五二号二〇〇四年六月二八日号

2 権利学習論

1 子どもの権利を学ぶ大人の課題
（原題＝権利学習論――大人の課題）日本教育新聞社『週刊教育資料』八〇〇号二〇〇三年四月二八日号

2 権利をわかりやすく学ぶ子どもの権利
（原題＝続・権利学習論――子どもの育つ力）日本教育新聞社『週刊教育資料』八〇四号二〇〇三年六月二日号

3 紛争《ものごと》論――総合学習と生徒の問題解決力
日本教育新聞「学校の危機管理」第三二回（二〇〇二年一月一一日）から第三四回（二〇〇二年二月一日）までの三回連載の稿をまとめ加筆

4 つぐない論

1 学校教育のテーマとして
日本教育新聞社『週刊教育資料』七九三号二〇〇三年三月三日号

2 教育実践へのヒント
日本教育新聞社『週刊教育資料』七九七号二〇〇三年四月七日号

第五章　親の力を理解する

1 「親責」論――機能しない「親権」をどう理解すべきか
日本教育新聞社『週刊教育資料』七七〇号二〇〇二年九月二日号

2 しつけ論――今日的な問いについて考える
日本教育新聞社『週刊教育資料』七八五号二〇〇二年一二月二三日号

3 虐待論――子どもの発達阻害と社会的損失
日本教育新聞社『週刊教育資料』七八八号二〇〇三年一月二七日号

4 叱正論――懲戒権を叱正発達権に
（原題＝叱正論――懲戒を実践の力とするには）日本教育新聞社『週刊教育資料』八二九号二〇〇三年一二月一五日号

第六章　社会の力を理解する

1 社会化論――子育ての個人責任化を超えるために
日本教育新聞社『週刊教育資料』八三二号二〇〇四年一月一九日号

2 地域親論――知恵出せ、声出せ、力出せ
日本教育新聞社『週刊教育資料』八一四号二〇〇三年八月二五日号

3 体験論――「感覚への回帰」の中で
日本教育新聞社『週刊教育資料』七七七号二〇〇二年一〇月二八日号

4 地域活動論――新たな市民となるために必要な奉仕とボランティア
日本教育新聞社『週刊教育資料』七八一号二〇〇二年一一月二五日号

終章　子どもの育ちを支える成長発達権
『青少年問題』第五〇巻五号、青少年問題研究会　二〇〇三年五月

著者紹介

安藤　博　（あんどう・ひろし）

茨城キリスト教大学生活科学部人間福祉学科教授、1949年茨城県生まれ。

中央大学大学院法学研究科博士後期課程（刑事法専攻）単位取得満期退学。専門分野は、子どもの人権、教育と人権、福祉と人権。担当科目は、人権と教育、司法福祉論（学部)、教育法学特論・演習（大学院)。

主な著書に、『子どもの権利と育つ力』三省堂、『教育と体罰』（共編著）三省堂、『少年保護と学校教育』（共著）大成出版、『学校・地域・ボランティア』茨城ＮＰＯセンター・コモンズ発行など

子どもの危機にどう向き合うか

2004年12月20日　初版第１刷発行

著　者　安　藤　　博

発行者　今　井　貴＝村岡侖衛

発行所　信山社出版株式会社

113-0033　東京都文京区本郷6-2-9-102

TEL 03-3818-1019　FAX 03-3818-0344

印刷・製本　亜細亜印刷

ISBN 4-7972-5267-7　C　3032